백만 원짜리 여행

백만 원짜리 여행

송성자 수필집

한국수필가협회

이 글들 속에 살아 숨 쉬는 당신에게 바칩니다.
이름 없이, 얼굴 없이도 문장 사이사이
따뜻한 숨결처럼 당신이 머물기를 바랍니다.

책을 내며

이 책은 정해진 주제 없이 시작되었습니다. 마음이 이끄는 대로, 감정이 흐르는 대로 써 내려가다 보니 어느새 나의 삶이 담긴 이야기들이 모였습니다. 글을 쓴다는 건 흩어진 기억과 생각을 한데 모아 문장의 끈으로 엮는 일입니다. 감정 위에 진실을 얹고, 그 위에 삶의 숨결을 더해 이야기로 만드는 과정은 결코 쉽지 않았지만, 그 여정은 내게 또 다른 생의 문을 열어주었습니다.

누구나 인생의 어느 지점에서 자신을 돌아보게 됩니다. 관점은 바뀌고, 가치관은 자라며, 시간은 우리를 조금씩 단단하게 만듭니다. 삶을 깊이 들여다볼수록 잊고 있던 장면들이 다시 떠올라 새 이야기로 피어나고, 그 기억들은 나를 다시 살아가게 합니다. 그렇게 나는 수필을 통해 내 삶을 몇 번이고 새롭게 살아보는 경험을 했습니다.

나이가 들수록 비우는 마음이 커집니다. 모자란 대로 받아들이고, 작고 평범한 일에도 감사하는 여유를 갖게 됩니다. 수필은 나 혼자만의 이야기가 아니라, 함께 시대를 살아낸 이들과 나누는 공감의 기록입니다. 철학자와 시인, 소설가와 수필가의 문장들이 내 삶의 이정표가 되어주었고, 그들의 목소리는 내 글 곳곳에 스며 있습니다. 우리는 서로의 여정에 닿으며, 각자의 방식으로 이 삶을 함께 걷고 있습니다.

존재의 뿌리가 되어주신 외할머니와 부모님은 지금 하늘에서 나를 지켜보고 계시겠지요. 남편은 삶의 동반자로서 기꺼이 나의 이야기에 주인공으로 등장해주었고, 그 사실을 기쁘게 여깁니다. 형제자매와 자녀, 친구, 제자, 이웃 그리고 나와 함께 살아가는 강아지, 고양이, 나무와 들꽃까지 — 그들 모두가 나의 이야기를 채워주는 소중한 존재입니다. 고통을 함께 견뎌낸 시간은 사랑의 또 다른 이름이었고, 그 힘으로 나는 오늘도 최선을 다해 살아가려 합니다.

글을 응원해 주시고 따뜻한 시선을 보내주신 구명숙 교수님, 책의 옷을 아름답게 입혀주신 석윤이 선생님, 그리고 출판을 허락해주신 월간 『한국 수필』 박원명화 사무총장님께 감사드립니다. 이 수필집이 그분들께 마음 깊은 위로이자 작지만 따뜻한 선물이 되기를 바랍니다.

2025년 6월

송성자

CONTENTS

책을 내며   6

chapter 1   가장 잘한 일

백만 원짜리 여행   16
감동을 준 사람들   22
지금은 천천히   28
노인은 어디에 있나요?   34
가장 잘한 일   39
생명을 그리다   44

chapter 2   총알 같은 세상

젊은 꼰대	52
오늘도 성공했습니다	58
보이지 않는 손	63
내 꿈은 몇 층에 있는가	69
딸아! 너를 알아보지 못한다 해도	74
두 번째 불청객	80
영원한 고향	86
총알 같은 세상	91
성씨가 다른 닮은 꼴	96

chapter 3   파도 앞에 서다

죽음과 가까이 104

환자와의 빅딜 109

죽어도 감사 115

지옥에서 천국으로 120

파도 앞에 서다 126

큰 일도 작은 일이다 132

의사의 말 한마디 138

생각지 못한 위로 143

chapter 4 나는 여왕이로소이다

이바노프의 사랑	150
폐업합니다	156
요술 단지	161
쫄지 마!	166
이유가 있는 반란	171
나만의 공간	176
경청은 힐링이다.	182
가장 인간적인 치유	187
절반의 결혼	193
생일 파티	198
나는 여왕이로소이다	203
긴 설렘	209
동생의 용기	214

chapter 5   함께 가는 그림자

빼앗긴 아이	222
외로움은 언제나 내 몫	228
나목	233
짧은 유언	238
IT 시대는 셀프다	243
화관을 쓴 나	248
함께 가는 그림자	254
그때 그 시간	259

송성자의 수필 세계 | 박원명화
삶의 희망을 키우는 수필 264

chapter
1

가장 잘한 일

백만 원짜리 여행

남편이 허리협착증으로 걷기가 불편해지면서 장거리 여행은 거의 접은 편이다. 지난봄 남편이 부산에 가고 싶다고 했다. 나와 딸은 흥분해서 여러 가지 방법으로 여행계획을 세워보았지만 결국 남편의 건강 상태로는 비행기나 기차를 타기가 어렵다고 판단했다. 남편은 드러내놓고 표현하지는 않았지만 혼자 생각이 많은 것으로 보였다. 타고 갈 기차를 놓쳐버린 것처럼 아쉽고 서운했지만 우리는 이렇게 또 하나를 내려놓았다.

며칠 후 남편은 100만 원이 있으면 무엇을 하고 싶으냐고 내게 물었다. 나는 기분 좋게 오성급 호텔 큰 방에서 잠을 자고 이탈리아 식당에서 랍스터 코스요리를 먹고 싶다고 답하고는 이내 잊어버렸다. 그런데 그가 오늘 현금 100만 원을 주면서 마음대로 쓰라고 했다. 깜짝 놀라 이것이 무슨 상황인지 생각이 복잡해졌다. 그는 평생 50만 원 이상의 지출을 혼자서 결심한 적이 별로 없었다. 남편은 여행계획에 들떠 있다가 무산되었음을 위로하는 것만은 아닌 어떤 대단한 심경의 변화가 있었던 것으로 보였다.

우리 부부는 세계테마여행 프로를 좋아한다. 처음 보는 영상은 호기심이 있어 재미있고 우리가 다녀온 지역은 반가워서 더 흥미로웠다. 여행 갔던 나라를 다시 보면 새롭기도 했다. 그때 그 장소와 사건들의 기억을 들추어내면서 새로운 이야기가 만들어진다. 즐거웠던 시간을 공유하고 새로운 의미를 발견하는 일은 참으로 행복하고 삶을 더욱 풍요롭게 해준다.

여름방학을 이용해 틈틈이 여행했던 그 시절이 우리에게는 황금기였다. 경제적으로 크게 여유는 없었지만, 그때는 둘 다 건강했다. 종일 걸어도 다음 날 아침이면 가고 싶은 다른 장소를 향해 또 달려갈 수 있었다. 여행하며 경험을 공유했던 남편과 아들 며느리 손녀들, 그리고 친구들과의 추억은 축복의 산물이 되었다. 새로운 경험과 추억은 크고 작은 욕망을 내려놓는 용기와 위로가 된다.

나는 더 늦기 전에 남편이 지팡이라도 짚고 갈 수 있는 여행지를 생각해 냈다. 비행기나 기차를 타고 멀리 떠나는 여행이 아니라 한강이 보이는 워커힐 호텔 방에서 야경을 즐기며 이탈리아 식당에서 랍스터 요리를 먹고 지금 전시 중인 구스타브 클림트Gustav Klimt의 〈빛의 시어터〉를 관람하는 것이었다. 특히 세계적인 화가 클림트의 전시회는 새로운 표현 방식으로 재해석한 컨템포러리 쇼Contemporary Show이기 때문에 귀한 기회가 될 것 같았다. 나의 계획을 들은 남편은 마치 암 진단을 받았다가 오진이라는 소식을 듣기나 한 것처럼 좋아했다.

오후 3시경 호텔에 도착했다. 프런트 직원은 오늘 운이 좋으면 예약한 객실 등급을 올려서 '패밀리 디럭스 스위트 한강 전망'으로 바꾸어 줄 수 있다며 확인할 동안 기다려 달라고 했다. 얼마 지나지 않아 직원은 이런 기회는 아주 드문 일이라며 축하 인사를 했다. 방에 들어가니 앞이 확 트여 전망이 한눈에 들어왔다. 한강이 보이고 멀리 구름 속에 남한산성도 보였다. 남편의 첫마디는 들떠 있었다.

"와~ 우리 집보다 넓다!"

고급스러운 소파와 트윈베드 그리고 두 개의 화장실은 넓고 깨끗했다. 큰 방을 구석구석 살펴보고 수도꼭지를 틀어

보았다. 10m가 훨씬 넘는 전면의 커튼을 활짝 열었다. 하늘로 붕 떠올라 구름 위에 앉아 내려다보는 기분이었다.

델 비노 이탈리아 식당은 비스타 워커힐 1층에 있었다. 식당에 들어서니 직원들이 기다리고 있다가 발아래 강이 흐르는 자리로 안내해 주었다. 테이블에는 앙증맞은 전등이 분위기를 살려주었다. 웨이터는 우리가 주문한 요리가 식당의 특별 계획인 알마스 캐비어와 랍스타Almas Caviar & Lobster 코스 요리인 것을 확인했다. 내가 평생에 한 번쯤 먹고 싶다고 했던 랍스터 코스요리였다. 웨이터는 상어 얼음 조각품을 조심스럽게 식탁 중앙에 놓았다. 그 아래 캐비어와 자고 얇은 케이크 조각들은 조명을 받아 더욱 아름다웠다. 나는 먹는 방법을 물어보았고 웨이터는 친절하게 설명해 주었다.

일곱 코스의 요리마다 캐비어로 예술적인 장식을 했다. 특히 구운 랍스터는 부드럽고 살집도 많고 캐비어가 넉넉해 맛이 잘 어울렸다. 나는 캐비어의 독특하고 비릿한 바다 향기와 깊은 맛을 기억하고 싶었다. 캐비어를 넣은 전복 파스타도 인상적이었다. 전복과 랍스터를 갈아서 만든 파스타 소스에 캐비어로 품격을 높였다. 처음 맛보는 것이지만 감칠맛이 있어 조금 더 먹고 싶었다. 남편은 말도 없이 조심스럽게 파스타를 포크에 또르르 말아서 먹었다. 그 모습이 사랑스러웠다.

"그렇게 맛있어요? 집중해서 정신없이 드시네!"

"내가 그랬나? 정말로 맛있다. 나는 처음 먹어보는 것 같아."

그는 맛이 아주 좋으면 무조건 처음 먹어보는 것이라고 했다.

남편은 식사가 너무 비싸서 돈이 모자라지 않겠느냐고 걱정했다. 나는 100만 원 예산으로 여행비용은 충분하니 걱정하지 말고 식사를 즐기자고 했다. 버킷리스트로 죽기 전에 먹고 싶었던 음식을 이렇게 함께 즐기고 있으니 꿈만 같고 감격스러웠다. 남편은 이렇게 멋있는 여행은 상상하지 못했다고 하며 나에게 말하고 싶은 것이 있다고 했다.

"건강을 잘 챙겨주어 90세가 넘은 나이에 이렇게 즐겁게 여행할 수 있어 고마워."

나는 그가 멋진 사람인 것을 보여주어 그게 더 고마웠다.

내가 너무 좋아하며 행복하다고 말하니 남편은 흐뭇한 듯 조용히 시를 읊듯이 속삭였다.

"이 순간을 잘 기억해 둬요. 나는 당신과 함께 또다시 올 수 있을지 모르겠지만 당신이 혼자 온다면 오늘이 생각나겠지. 내가 없어도 오늘을 생각하면서 위로받아요."

나는 그를 물끄러미 바라보며 '왜 하필 이 순간에 그런 말을 할까?' 싶은 생각이 들었다. 남편은 그런 생각을 하면서 이번 여행을 결정한 것 같았다. 함께 즐겁게 지내고 좋은 추억을 만들어주고 싶은 그의 마음에 눈시울이 뜨거워졌다.

저녁노을 빛을 받은 한강과 들판 풍경은 반 고흐의 그림을 연상케 했다. 하늘에서 시시각각 펼쳐지는 황홀한 황금빛 구름은 마치 우주를 무대로 웅장한 쇼를 펼치는 것 같았다. 나는 사진 찍는 것도 잊은 채 넋을 놓고 바라보았다. 저 멀리 산이 보이고 발아래로 한강이 흘렀다. 우리가 용기를 내어 계획한 이번 여행은 지금까지 가장 화려하고 멋진 여행이었다. 그 저녁 창밖의 노을처럼 황홀한.

감동을 준 사람들

무심코 떠오르는 생각을 따라가다 보면 마음이 편안하고 미소를 짓게 하는 사람들이 있다. 그들은 가까이 보면 소박한데 뒤돌아보면 평범하지 않은 사람들이다. 밀워키는 미국의 중북부에 있고 시카고에서 자동차로 2시간 정도면 간다. 그곳에는 오래전 독일에서 온 이민자들이 형성한 독일인 마을이 나온다. 거기서 멀지 않은 곳에 독일계 스티브 드 쉐이저Steve de Shazer와 한국계 인수 킴 버그Insoo Kim Berg의 집과 연구소가 있다. 사람들은 Steve와 Insoo라고 부르는데 그들은 부부다. 나의 삶과 연구 생활에 가장 영향을 준 분들이다.

그들은 전통적인 심리치료의 기본 개념을 기초로 동양철학과 새로운 관점 및 개념을 융합하여 '해결 중심 단기 가족치료' 이론을 개발하고 발전시킨 세계적인 학자이다. 그들 부부는 1년에 6개월 정도는 각자의 일정대로 세계 무대에서 활동하고 나머지 6개월은 집과 연구소에서 함께 지낸다. 그들은 부부 사랑만이 아니라 인간이 인간을 사랑하는 자세와 방법을 실제 생활에서 보여주었다.

한국에서 Steve와 Insoo의 특별 연수가 있을 때면 그 인기는 대단하다. 관점과 상담 기법이 새롭고 특이해서 주의를 집중시킨다. 두 강사가 3일이나 계속되는 연수에서 자연스럽게 역할을 분담하고 의자에 앉거나 서서 표정과 손짓으로 서로 응원하고 격려한다. Insoo가 멋스러운 옷을 챙겨 입으면 코디네이터가 누구인지 즉시 짐작할 수 있다. 턱수염을 잘 다듬은 Steve는 긴 스카프와 모자를 쓰고 독특한 표정을 지으며 키가 작은 아내를 팔로 감싸 안고 다닌다. 그것을 보고 학생들은 "멋쟁이!"라고 소리 지른다.

교육 장소에서 학생들의 웃음과 환호가 계속되면 Insoo는 패션모델처럼 강단이나 통로에서 이리저리 포즈를 취한다. 학생들은 환호하듯 외친다.

"사랑해요!"

Steve는 개선장군같이 어깨를 뒤로 젖히고 엄지척해 보인다. 그들 부부는 거의 10년간 바쁜 일정에 시간을 내어 한국에서 해마다 상담전문가와 학생들에게 교육과 훈련을 한다. 그들은 모든 경비를 자비로 하고 참가비는 학회의 발전기금으로 기부했다.

내가 미국 밀워키 그들의 집에 머물렀을 때의 일이다. Steve의 요리 솜씨는 프로급이어서 주방 기구와 설치도 남다른 것을 볼 수 있다. 손님들이 "맛있다, 창의적이다, 더 먹고 싶다." 하면 하회탈 웃음을 지으며 두 손을 쳐들고 으쓱으쓱 어깨춤을 춘다. 하루는 내가 요리를 거들겠다고 했더니 Insoo와 산책하면서 한국말을 하라고 권한다. 집으로 돌아왔더니 몇 명의 손님이 저녁 초대를 받고 와서 함께 준비하고 있다. 그들은 '김치 파티'라고 해서 달려왔다며 들떠있다.

내가 시카고 대학에 초청 교수로 1년 있을 때 Insoo 교수가 워크숍이 있다고 연락을 주면 급하게 양배추김치부터 만들어 밀워키에 달려가곤 했다. Steve는 양배추로 만든 김치 두 병을 손님들에게 자랑하면서 한 병은 마음껏 다 먹어도 좋다고 자랑한다. 그 김치는 물론 내가 가지고 간 양배추김치다. 불고기와 양배추김치는 인기가 좋아 국물까지 다 먹어 치운다. 그날 김치 파티는 왁자지껄 즐겁다. 그 덕분에 나는 다른 교수들과도 반갑게 인사하는 관계가 되기도 했다. 모두 밤늦

도록 Steve와 Insoo가 개발하고 있는 접근법의 강점과 앞으로 보완해야 할 문제점 그리고 실험연구에 관해 열띤 토론을 한다. 나도 한국의 상담사례 연구를 발표했다. 그들이 세계적인 학자가 된 배경에는 든든한 지원팀이 있다는 것을 점차 알게 되었다.

어느 날 점심시간에 Insoo가 나에게 '오리 가족'을 구경 가자고 했다. 작은 동네의 아담한 집이다. 현관 앞에 담장 없이 10평 정도 되는 아늑한 정원에는 여섯 마리의 '오리 가족' 인형이 있다. 아빠 오리는 정원의 나무를 다듬고 엄마 오리는 새끼 오리가 탄 그네를 밀어주고 오리 남매는 미끄럼을 타고 뛰어다닌다. 오리들이 입은 옷은 기성복이 아니고 맞춤복이다. 모두 역할에 어울리게 디자인하고 하나씩 손으로 직접 만들었다고 한다. 바지 멜빵, 셔츠 단추, 모자, 장갑, 스카프와 스키 등 아주 작은 소품까지도 꼼꼼하게 만든 것이 놀랍다. 얼마나 연출을 잘했는지 '오리 가족' 인형극의 한 장면을 보고 있는 것 같다.

나는 점심시간이면 '오리 가족'을 보려고 서둘러 가곤 했다. 처음에는 두 마리 오리로 시작했는데 몇 년 사이에 새끼들이 해마다 늘어 가족은 여섯 마리나 된다. 감독과 연출자인 할아버지와 할머니는 의상과 소품이 준비되면 주제에 어울리게 옷을 갈아입히고 오리의 배치를 바꾸어가며 연출한다. 사람들이 많이 지나다니는 골목도 아닌데 소문이 났는지 날이 갈수록 구경 오는 사람이 늘어난다고 한다. 사람들은 동화 나라를 보듯이 감탄하며 사진을 찍는다.

 Insoo의 소개로 나는 '오리 가족' 감독을 만나고 깜짝 놀랐다. 90세도 훨씬 넘어 보이는 할아버지와 할머니는 걷기도 불편한 분들이다. 할아버지의 부모는 독일에서 이민을 왔고 어린 나이에 한국전쟁에 참전했다가 오른쪽 다리 무릎 아랫부분을 잃었다고 했다. 그 말을 듣는 순간 가슴이 뭉클했다. 어린 청년이 알지도 못하는 나라 대한민국의 평화를 위해 싸우다가 다리를 잃고 평생 불편하게 살아왔다니! 나도 모르게 눈물이 흘렀다. 감사함과 죄스러움을 어떻게 표현할 수가 없어 두 손을 덥석 붙잡고 고개를 숙였다. 할아버지는 돋보기안경을 쓰고 바느질하고 '오리 가족'을 돌보는 시간이 가장 행복하다고 말하며 내 등을 토닥여 주었다.

 거칠지만 따뜻한 할아버지의 손길, Insoo의 열정과 낭랑한 목소리, 그리고 Steve의 하회탈 웃음은 오랜 세월이 지난 지금도 생각하면 가슴이 훈훈하고 푸근하다. 나도 모르게 하늘을 향해 손을 흔든다. 그들의 따뜻한 눈빛이 봄 햇살처럼 지나간다.

지금은 천천히

 나는 사람 이름을 잘 기억하지 못하는데 목소리는 오랜 세월이 지나도 기억한다. 가까운 친구의 제자인 어 교수는 학회 일과 연구프로젝트를 10년 넘게 함께하면서 동료가 되었다. 지난주에 어 교수가 전화로 '학회 창립기념행사'를 온라인으로 하는데 나의 인사말 동영상을 촬영하고 싶다고 했다. 공적인 전화 내용도 중요하지만 오래간만에 듣는 그의 카랑카랑한 목소리와 또박또박 분명한 말솜씨, 짧은 시간에 전달하는 많은 메시지와 높은음의 깔깔 웃음소리는 순간적으로 나를 오래전 그 시간으로 끌고 갔다.

 어 교수의 언어습관과 태도는 오랫동안 까다롭고 개성이 강한 교수들 옆에서 조교 생활하면서 숙달된 것으로 평생 습관이 되었다. 나는 같은 학회와 연구소에서 일하면서 그 숙달

된 솜씨 혜택을 톡톡히 보았다. 학생 시절부터 사랑해 온 그가 나를 찾아왔다. 우리는 나이에 어울리지 않게 서로 손을 흔들고 소리 지르고 끌어안았다. 대단한 상봉의 표현이었다. 나는 중식당 조용한 방을 예약했다.

학회가 창립되기 전과 후에 참여한 선생님들의 이야기는 끝이 없었다. 한 분 한 분의 특징적인 성향은 세월이 지나면서 다른 이야기가 되었다. 그 당시는 몰랐지만, 축적된 정보가 연결되면서 긍정적인 의미와 가치가 돋보였다. 전문용어로는 '재구성 또는 관점의 변화reframing'라고 한다. 예전의 일이니 사건이 달라진 것은 아니다. 어 교수와 나의 지식과 경험이 쌓이면서 사건을 보고 해석하는 관점이 바뀐 것이다. 그 당시는 중요하게 생각하지 못하거나 보이지 않았던 진정한 가치를 보는 눈이 생겼다. '삶의 지혜'가 성숙해졌다. 이야기 속에서 공감대를 확인하며 느끼는 희열은 '정서적 갈증'에서 오는 목마름을 채워주었다.

학회는 회장단과 간사의 희생적인 수고와 회원들의 참여가 기본 요소다. 학회가 있는 날은 회원들이 전국 지방에서 비행기나 기차 또는 버스를 타고 오고 3시간 이상 운전해서 오기도 했다. 나는 10년이 넘도록 간사, 총무, 부회장을 순서대로 거쳐 학회장으로 봉사했고 어 교수는 옆에서 나를 도와주었다. 지금은 나와 똑같은 길을 따라 학회장이 되었다. 그 당시는 나만 많은 일을 하는 것으로 생각하며 불평했었다. 지금 생각하면 나의 황금기는 무엇보다도 학회 임원들과 함께 어울려 열정을 불태웠던 그 시절이었지 싶다.

"선생님은 평생 열심히 사셨는데 현재의 삶을 어떻게 생각하세요?"

어 교수가 궁금해했다. 나는 열심히 살고 생산적으로 살아야만 보람이 있다고 생각했는데 그 가치관이 나를 구속하고 어렵게 한 것도 있다는 걸 나중에 알았다. 은퇴하고 몇 년이 지나 잠을 자면서도 논문 쓰거나 강의 준비에 쫓겼고 다른 사람들은 완성한 답지를 제출하는데 나만 답안을 작성하지 못해 절절매는 꿈도 꾸었다. 또한 꿈에 낯선 장소에 가면 돌아올 길을 찾지 못해 헤맸다. 나는 내면의 이야기를 나누었던 친구를 오래간만에 만나 질문에 답을 하기보다는 내 가슴에 고여있는 진심을 고백했다.

한가하게 산책하다가도 갑자기 긴장되면 '내가 이렇게 일 없이 지내도 되는 건가?' 하는 생각을 하곤 했다. 생산적이고 목표지향적인 가치가 구석구석에서 나를 지배하면서 스트레스를 주었다. 나는 구조의 틀 속에서 벗어나 좀 더 자유로워지려고 그림도 그리고 요가도 했다. 그러한 노력이 나를 지배하는 무의식적인 가치와 습관을 바꿀 수 있다고 생각한 것은 착각이었다. 어느 순간 그림에 매달리고 작품을 완성하거나 전시회를 여는 일에 쫓기는 나를 바라보았다. 오랫동안 무엇엔가 쫓기는 생활에 익숙했던 나는 쫓아가는 대상만 바뀐 것을 알았다.

나의 고백을 들으며 어 교수는 자기의 미래를 보는 것 같다고 했다. 아직 정년이 몇 년 남았는데도 겁이 난다고. 자기는 어려서부터 시간과 일에 쫓기는 생활을 했으므로 "쫓기는 생활에 익숙해서 오히려 쫓기지 않으면 불안하다."라는 것이다. 앞으로 어떻게 살고 싶은지 나의 질문에 그는 "다른 사람들이 하듯이 단풍이 물드는 가을에 산책하고, 한가하게 차 마시며 음악 듣고, 여행하는 것"이라고 했다.

잠시 후에 어 교수는 "이성적으로는 원하는 데 익숙해진 습관 때문에 노후에 그렇게 살지 못할 것 같아 불안하다."라고 토로했다. 그가 노후에 원하는 삶은 내가 원했던 것과 아주 비슷해 놀랄 것도 없었다. 우리 둘은 나이 차이에 상관없이 일하는 습관이 비슷했다. 나는 10년 이상 프로젝트를 연속으로

하게 되었을 때마다 어 교수의 시간부터 확인했다. '쫓기는 생활에 익숙한 것'은 많은 일을 계획하고 능률적으로 수행한 결과로 얻어진 습관이었다. 그때는 그렇게 하는 것이 능률적이고 생산적이라고 스스로 자랑스럽게 생각했는데 지금은 그런 습관에서 벗어나고 싶다.

나는 은퇴하고도 한참을 지나 80대에 이르렀다. 평안하고 넉넉하고 여유롭게 나를 다스리고 싶은데 마음뿐, 쉽지 않다. 그림, 명상, 음악감상, 텃밭 농사 등을 10년이 넘게 했다. 그림과 농사에 몰두하다 보니 은퇴하기 이전보다 더 쫓기고 있는 나를 발견했다. 일을 줄이고 다시 시작하기를 몇 번인가 거듭되었다. 지금은 걸음을 걸어도 천천히 느리게 걸으려 하는데 어느새 조급하게 빨리빨리 움직이는 나를 발견한다. 그러면 심호흡하면서 '다시 천천히 느리게 걸으세요'라며 나에게 타이른다.

산책하려고 문을 나서면서 파란 가을 하늘을 바라보고 단풍색이 날마다 변화하는 것에 감탄하며 주변 구석구석을 살핀다. 비가 온 뒤에는 여기저기 버섯이 올라오고, 꽃이 피었던 자리에서 바싹 마르기를 기다리던 씨방이 터지면서 납작납작한 씨들이 나와 흩어진 게 보인다. 이미 날아간 것도 있다. 봄부터 날마다 새로워지는 생명체들은 나에게 신선한 에너지를 준다. 그새 정이 들어 내일 또 보기로 하고 헤어진다.

어느 사이에 걸음은 다시 빨라지고 리듬이 흐트러지려고 한다. 나는 나에게 속삭인다. '다시 천천히 갑시다!'

노인은 어디에 있나요?

거리풍경이 늘 같은 자리를 그대로 지키고 있어도 소설가는 변화하는 시대적 배경과 상황을 보면서 메시지를 읽는다. 프랑스 작가이자 탐험가인 베르나르 베르베르는 서울을 방문했을 때 노인 인구는 많은데, 거리에 노인이 보이지 않는다고 기자에게 물었다고 한다. 과연 눈에 보이지 않는 물리적인 현상만을 의미했을까? 나는 같은 질문을 친구들 모임에서 던져보았다. 한 친구는 서양 노인들은 길거리나 공원에서 놀지만 우리는 '복지관과 전철 경로석'에서 놀기 때문이라고 답한다.

한국에는 노인들이 배우고 즐기며 문화생활을 할 수 있는 지역사회복지관과 문화센터 등 공공서비스 기관이 많이 늘어나고 참가비용도 대부분 무료이다. 지방에서 혼자 사는 어느 노인은 주로 경로당에서 먹고 자고 생활하면서 별일이 없는지 집에는 잠시 잠깐 들여다본다고 한다. 문화생활을 즐기느라 바빠서 손자녀를 돌봐줄 시간이 없다고 말하는 노인들은 당당하다. 이제라도 자기 자신을 위한 삶을 살고 싶다고 말로 표현하고 다양한 활동과 여행을 하는 노인들은 활력이 넘친다.

연초에 나를 방문한 후배와 제자 교수들은 부담 없이 소식을 전하며 깔깔 웃고 떠들었다. 나는 그들이 무슨 말을 해도 마음 놓고 떠드는 모습을 보기만 해도 즐겁고 대견했다. 얼마 전에 은퇴한 박 교수는 사회적으로 노인들은 젊은이들에게 생산성과 경제 능력에서 밀리고 가치와 유용성이 예전보다 적어진다는 지적에 제가끔 한마디씩 의견을 보탰다.

최 교수는 공감하면서도 다른 측면에서 노인의 고유한 자산과 강점에 관해 이야기를 시작했다. 너그러움, 기다릴 수 있는 여유, 실수를 용서하고 넘어가 주는 아량, 자녀에 대한 지원, 손주들에 대한 무한 사랑과 보호, 상처받아도 길게 보고 조용하게 넘어가 주는 것에 관해 대부분 동조했다. 그들은 수업 중에 노인의 강점과 자원에 관해 질문했을 때 학생들이 지적한 내용이 교수들의 생각과 크게 다르지 않았다는 말에 한 교수는 눈을 크게 뜨며 "진짜로?" 하며 반문했다.

공감하면서도 아쉬운 점은 치열한 경쟁사회에서 스트레스가 증가함에 따라 인심은 각박해지고 참고 기다리는 마음의 여유가 없어졌다는 것이다. 너그럽게 이해하고 용서하기보다는 법으로 해결하려는 의식이 강해지고 있다. 이러한 경향은 개인의 책임만은 아닐 것이다. 우리 부모 세대는 가족관계에서 정서적으로 안정감을 주고 인간의 도리와 위계질서를 중요시했다. 그리고 문화적 정신적인 가치를 우위에 두고 사회에 대한 책임 의식을 갖고 살았다.

나는 소년원에서 출소한 청소년과 이혼가족 자녀의 문제를 연구하면서 조부모 역할이 두드러진 사례들을 보았다. 출소해도 기다리는 부모가 없어 청소년 보호센터에 입소하는 수가 적지 않았다. 부모가 일찍 사망한 것보다는 별거나 이혼 또는 가출로 연락할 수 없고 같이 살던 조부모마저 돌아가신 청소년도 있었다. 부모와 같이 살 수 없는 일이 생기면 살아야 할 터전이 없어지는 것이기 때문에 자녀들은 몹시 불안해한다. 품어줄 조부모가 있다면 아주 다행한 일이다. 성인 자녀들도 위기에 몰리고 힘들면 노부모에게 의존한다. 손자녀와 성인 자녀의 옥바라지까지 하는 노인들을 보면 한없는 사랑에 감동하여 눈물이 절로 난다.

자녀가 결혼해도 가까운 관계를 유지하며 서로 돕고 사는 것은 자연스러운 일이다. 내 주변에서도 딸이 암으로 사망하자 사위와 손자녀와 함께 사는 가족, 이혼한 딸과 손자녀를 데리고 사는 가족, 이혼한 아들 또는 딸을 품고 사는 가족들이 있는데 전혀 낯설지 않다. 갈 곳 없는 손자녀에게 조부모는 엄동설한에 눈보라를 피할 수 있는 따뜻한 안방이고 피난처이다.

어느 가족은 두 딸이 삼 년 사이에 모두 이혼했는데 친정 부모는 모든 일을 정리하고 딸 둘을 친정으로 데려왔다. 부모와 두 딸은 말로 표현할 수 없이 가슴 아픈 시간을 같이 보냈다. 몇 년 사이에 두 딸은 다시 취직하고 재혼도 했다. 부모의 지원과 역할의 중요성을 생생하게 보았다. 부모의 사랑과 희생은 세상에서 어떤 과학기술과 사회복지제도로도 대신할 수 없을 것이다. 현대 사회가 물질적인 가치만을 추구하는 현상을 너나없이 염려한다. 그래도 조부모의 사랑과 역할, 책임 의식을 생각하면 뜨거운 한여름의 큰 느티나무 그늘이 생각난다.

노인들은 젊어서 힘들게 일하면서 경제 발전과 사회 번영에 적극적으로 참여했다. 그런 역사를 무시하고 현재의 경제

능력과 생산성만을 따져서 젊은이들과 똑같이 적용하는 것은 공정하지 못하다고 생각한다. 노인의 가치평가에 문화와 가족관계 및 사회적 기여도도 포함되어야 한다고 본다. 보이지 않는 존재가치를 포함한 총체적인 것까지 인정해야 공정하고 포용적인 사회를 구축할 수 있다.

이혼율과 청소년의 자살률이 증가하는 IT 시대에 심리적이고 정신적인 문제는 심각한 것으로 나타나고 있다. 눈으로 볼 수는 없어도 집안에서는 어쩔 수 없이 노인의 역할이 변화한다. 자녀와 손자녀의 어려움과 고통을 사랑으로 감싸고 돌보아주는 조손가족이 증가한다. 어려움을 극복하고 성공한 청소년들이 TV에 나와서 할아버지와 할머니의 보살핌을 받고 성장했다는 이야기를 당당하게 털어놓는다. 그들에게 조부모가 없었다면 어떠했을까?

교수들은 오늘의 대화 가운데 인상 깊었던 노인의 사회적인 역할과 존재가치에 관해 의견을 보내왔다. 서로 가치를 공유하고 공감하는 동료와 제자 교수들을 만나면 신선한 생동감이 살아나고 가슴이 뛴다. 변화하는 한 시대를 함께 살아가는 기쁨이 그 속에 있는 듯하다.

가장 잘한 일

목소리만 들어도 전화하는 사람의 건강 상태와 기분을 대충 짐작할 수 있다. 남동생의 음성은 오랫동안 듣지 못하던 밝고 흥분한 상대였다. 이야기 내용은 담당 의사가 최종 검사 결과 완치된 것을 확인해 주었다는 것이다. 동생은 "너무 좋아서 누나에게 알려드리는 거예요."라고 했다. 나는 목소리를 높여 "와~ 반가운 소식이다. 축하해! 어떻게 축하할까? 네가 한국에 한 번 와." 하는 말에 망설임도 없이 "네!" 한다.

미국 LA에 사는 동생은 2년 전에 코로나 백신접종을 하고 며칠이 지나 뇌졸중 증상이 나타났다. 뇌졸중 증상은 뇌혈관의 문제는 아니고 이미 알려진 백신접종의 어떤 부작용과도 다른 것이라고 했다. 6개월 이상 검사하고 확인을 반복했는데 상태가 좋지 않을 때는 1주에 2번씩이나 수혈했다. 결과적으로 백혈구를 만들어내는 기능에 문제가 있는 것으로 판정하고 치료했다. 의사는 동생의 증상이 드문 사례이기 때문에 부작용의 원인과 치료법을 분명하게 알 수 없었고 의학적으로 설명하기 어렵지만 완치된 것은 확실하다고 말했다.

어느 날 동생은 좋아하는 운동과 등산을 다시 시작했다는 근황을 알려주었고 산악회 친구들과 같이 한국에 오겠다고 했다. 그동안 동생을 생각하면 내 마음은 바위에 묶여 있는 듯이 무겁고 답답했었다. 이제는 그 줄을 끊어 버린 듯 가볍고 후련했다. 이번 만남은 우리 가족 모두에게 주는 특별한 선물이었다.

동생은 속리산 대청봉, 치악산 비로봉, 지리산 천왕봉, 한라산 정상에서 찍은 사진을 보내왔다. 예전과 전혀 다른 모습을 보며 나는 감격했다. 거의 2년 동안 전화하면 아주 우울한 짧은 대화만을 했다. "늘 그래요. 원인을 모르는 병을 치료한다는 것이 막막하고 답답해요. 희망이 있는지 모르겠어요." 아무 의욕도 없이 말하는 동생에게 내가 할 수 있는 말은 "누나는 날마다 너를 위해 기도하고 있어. 힘내자."라는 말뿐이었다.

친구들과 등산 일정을 마친 동생은 약속한 날 아침 일찍 아파트 현관 벨을 눌렀다. 문을 여는 순간 큰 나무가 우뚝 서 있는 느낌이었다. 나는 잠시 숨을 멈추고 얼굴에서 발까지 훑어보고 와락 끌어안았다. 한국의 대표적인 산 정상 4개를 정복하고 온 동생의 얼굴과 어깨에서 강한 성취감과 자신감이 넘쳐흘렀다.

동생과 딸 그리고 조카들은 아침 일찍부터 서둘러 장거리 운전하여 용인에 도착했다. 왁자지껄 즐겁고 행복한 시간은 빨리도 갔다. 조카들은 삼각대까지 준비하고 계속 사진과 동영상을 찍었다. 남편은 어린 조카에게 명절도 아닌데 용돈을 주고 동생도 누나와 조카들에게 돌아가며 용돈을 주었다. 우리는 마음 놓고 떠들 수 있는 정원이 보이는 식당에서 숯불갈비와 냉면을 먹었다. 마주 앉아 밥을 먹는 동생과 형제와 가족들을 둘러보는 내 마음은 풍성했다.

즐겁게 밥을 먹는 우리 형제들의 모습을 흐뭇하게 바라보시던 아버지와 어머니의 눈길이 생각났다. 우리는 태평양을 건너 멀리서 사는 동생을 자주 만나지도 못하고 전화로 안부를 주고받으며 산다. 하지만 가족은 어떤 고난에도 넘어지지 않도록 깊은 뿌리가 서로 엉켜있는 큰 나무와 같다. 서로 염려하고 기쁨을 나눔은 가족관계를 더욱 단단하게 한다.

동생을 보고 또 보면서 그동안 지내 온 일들이 떠올라 나의 머리는 분주하다가 평온해졌다. 8년 전에 동생은 교통사고로 사랑하는 아내를 잃었다. 거의 6년 동안 감당할 수 없는 상처로 고통스러운 나날을 보냈다. 상처의 통증을 친구삼아 생활하는 데 익숙해질 무렵 코로나 백신의 부작용으로 2년 정도 생명의 위험한 고비를 넘기고 살아남았다. 동생은 어려서부터 뚝심이 있고 남달리 인내심이 강하다는 말을 들었다. 어머니는 우리 칠 남매 가운데 가장 믿음직하다고 말씀하셨다. 그는 우리의 기대를 증명하듯 다시 일어섰다.

우리는 식당 건너편 커피숍으로 장소를 옮겨 2차로 상봉의 만남을 즐겼다. 동생은 불쑥 왼쪽 팔뚝을 내 눈앞으로 가까이 내밀며 "누나! 이 시계는 내가 나에게 선물한 거예요." 한다. 나는 "자세히 좀 보자."며 동생이 시계를 끌러서 내 손바닥에 놓아주는 걸 들여다보았다. 모두가 신기한 것을 보듯이 감탄하며 구경하는데 여동생이 "언니. 그 시계 굉장히 비싼 거야. 자세히 봐봐." 한다. 그리고 동생에게 "이 시계 차고 버스나 전철 타고 다닐 때 옷소매로 감추고 다녀."라고 말해 온 식구들을 웃겼다.

나는 동생에게 "참으로 잘 생각했다. 너는 큰 상을 받을 자격이 충분해. 어떻게 그런 생각을 했지? 자신의 수고를 인정하고 자랑스럽게 생각해서 자기에게 선물을 주는 것은 현명한 사람만이 할 수 있는 일이야."라고 말했다. 하늘에서 아내가 본다면 아주 기뻐하고 너에게 최고의 상을 주고 싶었을 것이라고 덧붙였다. 내가 하는 말을 듣고 있던 동생은 잠시 후에 "저도 그렇게 생각했어요." 한다. 동생은 어려서부터 돈 관리를 잘하고 자신을 위해서는 돈을 쓰지 않는 성격인데 평생 변함이 없다. 그런 동생이 자신을 위해 그렇게 비싼 시계를 자기에게 주는 상으로 산 것은 놀라운 일이었다.

사람들은 다른 사람의 사랑과 인정을 받고 선물 받기를 기대한다. 그러한 기대가 이루어지지 않으면 서운하고 원망스럽고 살아온 보람이 없는 것같이 생각하기도 한다. 내가 나에게 상으로 선물을 주는 것은 용기가 필요하다. 동생이 자신에게 준 선물은 자신이 상처와 고통을 극복하고 죽음을 마주했던 두려움을 떨쳐버리고 새로운 출발을 확인하는 증표가 되고 '가장 잘한 일'로 보였다. 그의 마음이 시계보다 더 빛이 났다.

생명을 그리다

자주 이야기를 나누지는 않았어도 같은 시니어타운에서 10년 이상 살다 보면 가족과 같은 친근감이 있어 보기만 해도 정을 느끼는 이웃이 있다. 하루는 우리를 유난히 반기는 부부를 만났다. 그들과 우리 부부는 한때 사진동호회 회원으로 촬영하러 다니면서 가까워졌다. 그들 남 작가와 허 작가는 현관 로비 왼편에 걸려있는 내 그림을 함께 바라보며 "외출했다 들어올 때마다 바라보면 환하게 반겨주어 기분이 좋습니다."라고 말했다. 우리는 그림 앞으로 다가가면서 이야기를 나누었다. 그들은 언젠가는 그림에 관한 느낌과 생각을 함께 나누고 싶었다고 했다.

남 작가 부부는 사진 촬영에 남다른 관심과 감각이 있어 국내외 여행하며 촬영한 사진 전시회를 여러 차례 했다. 그래서인지 석양빛에 비치는 나무와 바위, 계곡 등 자연 풍경을 주로 찍는다. 사진 전시회에서 그의 사진은 눈에 띄었다. 허 화백은 오랫동안 동양화를 그렸고 수상 경력도 적지 않다. 사진 솜씨 또한 개성이 넘친다. 한동안 우리는 사진 공부를 하면서 촬영하여 발표도 하고 매년 전시회도 열었다.

허 화백은 "분명히 시든 연잎을 그렸는데 그 빛의 아름다움이 묘해요. 조용하고 평안하면서 어떤 힘을 느껴요."라고 했다. 남 작가는 "정말입니다. 집사람이 전하는 의미가 나와 같아요. 로비에서 셔틀버스를 기다리면서 바라보곤 하는데 아름다운데 강한 에너지를 느끼니 이상하지요. 이 말씀 꼭 드리고 싶었어요. 해가 지는 시간에 2층 난간에서 그림을 내려다보면 너무 좋아요. 창으로 들어오는 햇살을 받으면 정말로 그림이 살아 움직여요. 저는 아래에서 올려다보고 위에서도 내려다봅니다. 주민들 모두가 이렇게 좋은 그림을 보도록 걸어주시어 감사합니다." 하고 말했다. 나는 "사진 작가님이 그림을 그렇게 세심하게 보시고 느낌과 감정을 소상히 말씀해 주시니 고맙고 큰 보람을 느낍니다." 하며 나는 진정으로 감사함을 전했다.

진심으로 건네는 소감을 들으며 가슴 뭉클함이 깊은 데서 올라오는 것을 느꼈다. 내가 그린 그림으로 이렇게 따뜻한 인사를 받다니 감격스럽고 격려가 되었다. 오랫동안 그림을 그린 시간과 노력의 대가가 충분히 보상받은 것만 같았다. 사람들이 나의 그림을 보고 감정이 살아 움직인다면 나에겐 최고의 찬사이고 보람이다.

하루는 산책하고 들어오는데 20층에 사는 박 회원이 손짓하며 나를 불렀다. "우리 딸이 선생님 한번 뵙고 싶다고 했는데 오늘 잘 만났어요." 하며 딸에게 인사하라고 했다. 그의 딸은 기다렸다는 듯이 "어머니 건강이 좋지 않아서 미국에서 일 년에 몇 번 방문하는데, 벽에 걸린 그림이 여기 '트레이드마크' 같아요. 현관에 저 그림이 있으니 노인 아파트의 격이 높게 보여요."라며 인사를 건넸다. 그 말을 듣고 나는 놀라서 어떤 점이 그렇게 좋으냐고 물었다. "싱싱한 연꽃 그림은 많이 보았으나 연잎 그것도 저렇게 시든 잎을 아름답게 표현한 작품은 처음 보았습니다." 하는 것이다. 자기는 한국에서 미대를 나왔고 미국에서 갤러리를 운영하는데 그림이 눈길을 끌어서 만나보고 싶었다고 했다.

그림 제목은 〈연못의 생명력〉(162×130cm, oil on canvas,

2017)이다. 이 작품은 2015년에 시작했으나 그리다가 마음에 들지 않아 다시 그리기를 몇 번 반복했다. 나중엔 아예 새로운 캔버스를 주문해서 처음부터 다시 시작했다. 그림이 100호로 승용차에 실을 수가 없어 교수님의 지도를 받으려면 그림 운송 탑차를 불러야 했다. 때로는 비용이 많이 들어 1개월 이상 학교 화실에 두고 그리러 다녔다. 노블 카운티 문화센터 화실에 1년 이상 버텨놓고 다른 그림과 같이 진행하기도 했다. 사람들은 화실에 들어와 진행 중인 그림들을 바라보고 다른 회원들의 그림도 감상하고 갔다. 일가견이 있는 사람들은 내 그림의 변화에 관심을 표현하고 의견을 말하기도 했다.

그림의 소재는 경기대 예술대 옆에 있는 연못에서 찍은 사진이었다. 어디를 가나 연꽃은 얼마든지 볼 수 있고 전시회에도 연꽃 작품은 흔히 걸려있다. 나는 크고 작은 연못에서 봄부터 겨울까지 사계절 찍은 몇백 장의 사진을 보고 또 보았다. 가을 노을빛을 받은 연잎 색깔이 눈에 들어왔다. 넉넉하게 넓은 가을 연잎은 가장자리가 약간 늘어진 선이 참 아름다웠다. 깊이 들여다볼수록 연잎은 잔잔하게 흔들흔들 움직이는 듯이 보였다.

컴퓨터 작업 속에서 연잎이 노을빛과 만날 때에는 상상할 수 없는 형상이 솟아났다. 그것은 여름 연잎에서는 볼 수 없는 원숙한 아름다움과 깊은 생명력을 품고 있었다. 점점 퇴색되어가는 연잎의 녹색이 노을빛과 충돌하는 순간 가슴을 뛰게 만드는 화려하고 신비한 빛이 나타났다. 그 빛은 물감으로 표현할 수 없는 묘한 에너지를 발산하고 있었다. 눈을 뗄 수 없어 보고 또 보는 사이에 나의 마음은 충만한 에너지로 채워지는 것 같았다.

2017년 9월 제36회 대한민국미술대전에 〈연산홍의 에너지〉와 〈연못의 생명력〉 2개 작품을 출품했다. 두 작품은 마지막 심사과정까지 올라갔으나 최종적으로 〈연산홍의 에너지〉(116×91cm, oil on canvas, 2017)가 구상 부문 특선으로 뽑혔다.

그림 그리는 과정을 간간이 본 사람들은 눈에 익숙한 그림 〈연못의 생명력〉을 현관 로비에서 만나니 더욱 반갑다고 했다. 몇몇 입주자와 직원이 그 그림을 완성하기 전부터 현관 로비에서 자주 볼 수 있으면 좋겠다는 요청을 조심스럽게 했다. 가족들은 내가 여기서 살면서 이웃들과 함께 날마다 하루에도 몇 번씩 그림을 보는 것이 좋겠다고 의견을 모았다. 그림을 보는 사람들에게 생명의 에너지와 위로가 은은히 전해지길 바란다.

연못의 생명력 2017. 162.2×130cm, oil on canvas

chapter 2

총알 같은 세상

젊은 꼰대

아무리 좋은 말이라도 두 번만 들어도 '꼰대'라며 귀를 막고 싶어진다. 코로나가 만연하자 '젊은 꼰대'들의 잔소리가 밀물처럼 내게 밀려왔다.

코로나의 위험이 어느 정도 잦아들자 식당마다 손님은 조금씩 늘기 시작했다. 나 역시 눈치를 살피며 식당의 분리된 방을 예약해 모임에 다녀왔다. 딸은 안부 전화할 때마다 미덥지 않은지 "밖에 나가지 마세요. 마스크는 꼭 하고 다니세요." 하며 똑같은 말을 앵무새처럼 해대곤 했다. '꼰대가 이런 것이구나.' 하는 생각이 들었다. 애들이 왜 꼰대의 말을 듣지 않으려 하는지 알 것도 같았다. 중요하다고 생각하는 말을 수없이 반복하는 그들은 믿지 못해서가 아니라 그저 관심과 염려를 잔소리로 표현하는 듯하다. 그렇게 생각을 바꾸니 마음이 조금은 편해졌다.

딸은 마스크를 주문해 보내면서 하루만 사용하고 버려야 한다는 말을 길게도 설명했다. 하지만 남편은 집 근처만 잠깐 나갔다 오는 거니 괜찮다며 3일이나 사용하는 것처럼 보였다. 딸은 마스크가 떨어질 때가 지났는데 왜 이렇게 많이 남았느냐고 따지듯이 말했다. 나는 마스크를 두 번 이상 사용한다고 솔직하게 말하고는 앞으로는 내가 알아서 주문할 것이니 걱정하지 말라고 했다. 딸이 '내가 알아서 할게.'라는 말을 입에 달고 살던 생각이 나서 웃음이 났다.

코로나 환자는 다시 급증하면서 결국 나도 코로나에 걸렸다. 노인 아파트 의원에서 검사받고 즉시 치료가 시작되었다. 담당 간호사는 확진자 '치료 매뉴얼'을 철저하게 지키며 첫날은 하루에 세 번, 둘째 날부터는 두 번씩 전화로 내 상태를 확인했다. 의료진은 환자인 나보다는 나이가 많은 남편에게 전염될까 봐 더 걱정하는 눈치였다. 방역복으로 중무장한 간호사는 내가 현관문을 열 때면 10cm 정도만 남게 문을 닫으며 남편과 거리두기 하는 방법에 대해 여러 번 설명했다. 많은 내용을 짧은 시간에 전하는 간호사는 크고 숨찬 목소리였다. 의사인 아들은 폐렴에 대비해서 이미 알고 있는 주의 사항을 몇 번씩 전화로 일러주었다. 갑자기 코로나 환자가 되어 치료받는 것보다는 폐렴 환자 보호자의 역할수행에 관한 예방교육과 훈련받는 것이 더 긴장되고 부담스러웠다.

딸은 큰 사명감으로 오전과 오후에 전화로 내 상황을 확인했다. 동생과 조카 그리고 손녀까지 나를 걱정하며 궁금해했다. 일일이 보고하자니 피곤하고 어지러웠다. 지금은 내가 환자인데 나는 뒷전이고 가족 모두가 남편에게 전염될 것만 걱정하는 것 같아 서운하기도 했다. 약을 먹고 잠이 들만하면 또 전화가 왔다. 물론 즐거운 비명이지만 그건 나중 이야기고 당장은 온몸이 아프고 기운이 없어 만사가 귀찮고 서러워 눈물이 날 지경이었다.

그렇게 간호사의 지시에 따라 거리두기를 하느라고 죽을 기를 썼건만 3일 만에 남편도 열이 나기 시작했다. 차라리 남편이 확진자가 되니 거리두기에 대한 스트레스가 사라졌다. 그런데 다른 잔소리가 시작되었다. 가족들은 90세가 넘은 남편의 폐렴 가능성 때문에 바짝 긴장하면서 나보다 더 걱정이 많았다. 그들이 할 수 있는 일은 택배로 물건을 보내는 일이 유일하다고 생각했는지 생활에 필요한 것들을 보내왔다. 더 큰 위로가 없을 만큼 참으로 고마운 일이었다. 하지만 일어서고 앉는 것도 힘든 나는 배달이 도착했다는 현관 벨이 울리면 앉아서 궁둥이를 질질 끌고 배달 음식과 택배 물건을 집안으로 끌어들여야만 했다. 그조차 힘겨웠다.

하루에 세 번 또는 두 번 그리고 식전과 식후 두 사람의 약을 챙기는 것도 정신을 바짝 차려야 했다. 입맛이 없고 메스꺼워 며칠 동안 음식을 제대로 먹지 못해 나는 3kg이나 체중이 빠졌다. 기운이 없고 이서증 때문에 어지러웠다. 배달 음식 포장을 뜯고 덥혀서 먹는 일도 버거웠다. 일회용 밀폐 용기는 뚜껑을 열기도 쉽지 않았다. 용기를 열기 위해 면장갑을 끼고 가위와 칼까지 동원했다. 음식물 쓰레기와 밀폐 그릇을 챙겨서 쓰레기봉투에 담아 아침 9시 전에 현관 앞에 내놓는 일도 순전히 내가 치러야 할 수고였다.

남편은 기침과 가래가 심해 보기에도 딱할 지경이었다. 불안해서인지 계속 나를 부르고 같은 약을 먹으면서도 몇 번씩 확인했다. 환자가 보호자와 간병인 역할까지 하느라고 진이 빠지고 눈을 뜨기조차 힘이 들었다. 남편에게 "나도 치료받는 환자예요! 혼자 할 수 있는 일은 알아서 하고 내가 약 먹고 자는 시간에는 제발 부르지 마세요."라고 부탁했다. 남편은 놀란 듯이 멍하니 바라보더니 "알았어, 미안해." 한다. 생각해 보니 나에게서 코로나가 전염되고도 남편은 나를 원망하거나 불평 한마디가 없었다. 사실 지금까지 조금만 아파도 나는 엄살을 피면서 남편 간호를 받은 적은 많지만 내가 남편을 간병했던 기억은 별로 없는 것 같았다. 빚을 갚는다고 치면 반의반도 아니라고 생각하니 불평은 꼬리를 내리고 주저앉았다.

딸과 동생에게 내가 힘들고 지친 상태라고 하소연했다. 걱정되어 수시로 전화한 그들은 내가 피곤할 것을 미처 생각하지 못했다고 했다. 전화를 끊자마자 후회했다. 그것도 참지 못하고 불평하다니. 나이에 어울리지 않게 투정 부린 것 같아 부끄러웠다. 저녁에 동생에게 전화했다. 동생은 "아니야. 언니, 눈치 없이 하루에도 몇 번씩 전화한 내가 주책이지. 언니~ 먹고 싶은 것 있으면 말해요." 하는데 그 말에 왠지 코끝이 찡했다.

한 달도 아니고 두 주 정도 씨름하고 나서 우리는 회복되었다. 혹심한 전쟁터에서 빠져나온 기분이었다. 자녀와 형제들의 염려와 보살핌은 뒤돌아볼수록 가슴 진한 사랑으로 다가와 지난날의 허물을 덮고도 남았다.

그들이 '젊은 꼰대'라는 생각이 들었다. '젊은 꼰대'는 부모와 어른에 대한 사랑과 염려를 새로운 방식으로 표현하는 것이다. 그들의 보살핌을 받을 수 있는 것은 사랑을 전제로 하는 가족관계에서만 존재하는 특권이기도 했다. 노인에게 '젊은 꼰대'는 어려울 때 빛을 발하는 축복의 선물이었다.

오늘도 성공했습니다

만나면 반갑게 인사하는 이웃은 우리 부부가 같이 다니는 모습이 부럽다고 했다. 그는 상처하고 나서 시니어타운으로 이사 왔다고 하면서 아들이 같이 살자고 했지만, 며느리에게 부담 주고 싶지 않아 그리 결정했다는 것이다. 부인은 암 투병으로 5년 정도 고생하다가 돌아가셨다고 했다. 부인이 병고에 있을 적에 그는 잠시도 곁을 떠나지 않고 손수 간호했다는 이야기도 덧붙였다. 때로는 부인을 휠체어에 태우고 외출도 하고 컨디션이 좋은 날엔 동네 주변을 산책하기도 했는데 그때가 제일 힘들기도 했지만 가장 행복했던 시절이었던 것 같다며 우수에 찬 표정으로 하늘을 보았다. 날이 갈수록 그때 그 시간이 진정 행복했었다는 그의 말이 명치 끝에 매달렸다.

프란치스코 교황이 "진정한 행복은 누군가를 행복하게 해주는 삶"이라고 하신 메시지가 생각났다. 젊은 시절에 우리는 자녀와 가족을 위해서 수고와 희생을 아끼지 않았다. 이제는 배우자와 나 자신이 건강하고 평안하도록 잘 돌보면서 진정한 행복을 누릴 자격이 충분하다고 생각한다. 몸과 마음은 고단해도 날마다의 일상을 그런대로 잘 관리하는 나 자신을 든든한 듯 바라보았다.

동생 남편은 7년가량 집과 병원에서 요양원과 요양병원을 옮겨 다니며 투병 생활하다가 그만 코로나로 떠났다. 동생은 경제적 어려움으로 집을 팔아야 했고 자녀들에게 미안한 마음에 밤이면 잠을 이루지 못하는 날이 많았다. 너무 힘들 때는 모든 가족을 고생시키는 남편이 원망스럽다고 하소연하곤 했지만, 언니로서 할 수 있는 일이라고는 그저 동생의 말을 들어주는 것뿐, 직접적인 힘이 되지 못했다.

남편 2주기를 지낸 동생은 이제 웬만큼 고생했던 기억은 사라졌다고 했다. 죽기 전, "고생시켜 미안하다, 고맙다, 사랑한다."라고 말해주던 남편의 진실한 고백을 회상하면서 그것으로 위로를 받았다고 했다. 아내의 고생을 알아주고 고마워하며 진정으로 '사랑한다.'라고 했다면 그 어떤 허물을 덮고도 남을 것 같았다. 그게 부부 사랑의 본질이 아니겠는가. 동생은 남편 뒷바라지로 힘들었던 고통과 아픔을 다 잊은 것처럼 보였다. 고난을 끝까지 참고 견디기를 참 잘한 것 같다며 자식들에게도 떳떳하고 보람도 있다고 했다.

동생의 자존감은 점차 회복되는 것으로 보였다. 오랜만에 아파트를 분양받아야겠다는 희망으로 활력이 생기는지 분주해진 것 같다. 비록 남편은 곁에 없지만 그가 남긴 사랑은 대단한 힘의 원천이 되고 있었다. 모든 걸 용서하고 치유하고 새롭게 살아갈 힘을 주었으니, 그보다 더한 부부애가 어디 있으랴. 나는 동생 남편이 아내에게 큰 빚을 졌다고 생각했다. 그래도 진정한 사과와 사랑의 고백은 빚진 걸 배로 갚은 거나 다름없다고 말하자 동생은 내 말에 맞장구를 쳤다.

"언니 말이 맞아. 내가 생각해도 그런 것 같아."

성공은 무엇인가? 사람들은 대단한 업적이 있어야 성공했다고 말하지만, 노년에는 기대와 목표가 작아야 성공할 확률이 높을 듯하다. 집안이나 밖에서 넘어져 골절상이라도 당한다면 나이 든 사람은 치명적이다. 위험한 일 없이 일과를 무사히 마치면 그 또한 감사할 일이다. 외출하는 날 목적지에 무사히 도착하고 계획대로 일 잘 보고 안전하게 귀가하면 마음은 편안한 안도감에 젖는다. 하루 5천 보 정도 산책하고 집에 들어오면 나는 나에게 "아주 잘 걸었어. 수고했어. 오늘도 성공이야!"라고 칭찬을 해준다.

생명 있는 모든 것은 언젠가 죽는다는 것을 누구나 잘 알고 있다. 나이가 들면서 모든 기능이 노화되고 퇴행하는 현상을 비관하거나 한탄할 일만은 아니라고 생각한다. 아무 가치와 의미가 없는 삶을 사느니 빨리 죽으면 좋겠다는 노인들의 말을 가끔 들을 때가 있다. 한 시절 성취함으로 화려했거나 소유한 것이 많은 사람일수록 노년의 상실감은 더 큰 것 같다. 삶에 대한 비관적인 말은 어느 철학자도 답을 찾지 못한 탄식일 뿐이다. 우울한 이야기를 하면 할수록 마음은 더욱 우울해지고 전염성이 빠르다. 어두운 마음에 물들어 있으면 회복하는 데도 시간이 오래 걸린다.

나도 한때는 우울증에 시달려 죽음을 고민한 적이 있다. 하지만 거꾸로 생각해 보면 이만큼 복을 누리고 살았으니, 노환의 고통쯤은 감수해야 한다는 체념이 차라리 위로된다.

나는 겨울로 들어가기 전 나뭇가지에 붙어있는 이파리들과 모든 열매를 다 털어버리고 당당하게 서 있는 나목을 좋아한다. 우리는 생명체의 변화를 받아들이고 순응할 수밖에 없다. 철학자와 종교인 그리고 죽음 전문가들은 행복하게 사는 지혜는 우리의 삶을 생로병사의 과정으로 보고 죽음을 편하게 받아들이는 것이라고 한다. 에디 제이쿠Eddie Jaku는 102세까지 산 작가다. 아우슈비츠 강제수용소에서 겪은 참담한 체험을 『세상에서 가장 행복한 100세 노인』이라는 제목을 담은 책이 세계적인 베스트셀러가 되었다. 그는 이렇게 말한다. "살아있다는 것은 위대하다. 살아 있는 한 희망은 있다. 희망의 끈을 놓지 않는다면 우리는 기적을 이룰 수 있다. 하지만 마음이 죽는다면, 내일이 와도 우리는 이미 죽은 것이나 다름없다. 사랑을 주고받는 것은 가장 가치 있는 것이다."라고.

우리 옆에 사랑을 주고받는 가족과 친구 그리고 이웃이 있다면 우리의 삶은 성공한 셈이다. 지금 살아있음에 감사하며 아침에 솟아오르는 찬란한 태양과 황홀하도록 아름다운 저녁 노을을 보고 새소리도 들을 수 있다면 그날은 특별히 복된 날이다. 하루를 무사히 보내고 편하게 잠자리에 든다면 오늘도 분명 성공한 날이다.

보이지 않는 손

광화문에 가면 고등학교와 대학 시절의 잡다한 장면들이 시나브로 스쳐 지나간다. 남편은 나의 이야기를 몇 번이고 들었을 디인데도 매번 처음인 듯 재미있게 들어준다. 한가롭게 점심을 먹고 난 후, 나는 그와 교보문고 커피숍에서 만나기로 약속하고 헤어진다. 코로나 사태 이전에는 서점 여기저기에 앉아 책을 볼 수 있는 자리가 많았으나 요즘은 인색하게도 의자를 모두 치워 앉을 자리가 없다. 나는 주로 소설책과 수필집, 그리고 다양한 책 제목, 작가 배경, 표지와 본문 디자인, 목차와 구성 등을 살펴본다. 특히 '작가의 말' 읽기를 좋아한다.

오늘도 같은 일정으로 데이트를 즐기려는 기대로 한껏 부풀어 있었다. 용인에서 출발한 직행버스가 을지로 입구에 도착했다. 천천히 움직이는 차창 밖 거리에는 여러 대의 경찰버스와 카메라를 멘 기자들이 소리 없이 조금씩 거리를 좁혀가고 있다. 주로 검은 옷을 입고 핸드폰과 워키토키를 든 사람들이다. 그들은 신경을 곤두세우고 주변을 살핀다. 얼굴은 굳어 있고 금방이라도 뭔 일이 터질 것 같은 예감은 주위 사람들조차 묘한 긴장감을 자아낸다.

버스는 시청 앞 정류장을 한참 더 지나 내려 준다. 삽시간에 경찰차는 롯데호텔 앞에서 명동 입구까지 양측 도로변을 가득 메우고 차 간의 거리를 좁혀오고 있다. 우리는 택시를 타고 광화문으로 가야 하는데 어느 곳으로 어떻게 가야 할지 몰라 잠시 주위를 두리번거린다. 남편은 말도 없이 내 손만 꼭 잡고 있다. 그러는 사이 젊은이들은 점차 사라지고 버스와 택시들은 자취를 감췄는지 뜨문뜨문 지나간다.

우리는 그만 경찰과 기자 그리고 정체를 알 수 없는 키가 큰 사람들 한가운데 있어 움직이기도 힘든 상태로 포위되었다. 차 전체를 철창 같은 것으로 감싼 큰 차 안에는 전쟁 무기는 아니지만 흉물스러운 방패들로 가득 채워져 있다. 본의 아닌 한순간, 우리 부부는 공포영화의 장면 속으로 빨려 들어간 느낌이다.

점심시간이 다가오는지 신호가 바뀌자, 어디선가 사람들이 몰려왔는지 건널목을 가득 메운다. 길을 건너 식당가 골목으로 사람들이 물결처럼 흘러 들어가고 경찰들만 넓은 거리에 남아있다. 아마도 저녁 뉴스에서는 오늘도 서울 중심가에서 민노총의 불법 기습 집회가 있었다고 전할 것이리라.

경찰 하나가 우리를 길 잃은 노인으로 보고 어느 곳으로 갈 것이냐고 묻는다. 광화문 교보문고에 간다고 했다. 그는 광화문 방향으로는 갈 수 없으니 우선 지하철역으로 내려가 집으로 돌아가는 것이 안전할 것 같다고 이른다. 집이 용인이라고 말하자 경찰은 친절하게도 지하철역까지 함께 내려와 전철 노선을 설명해 주고 그도 미덥지 않은지 메모지까지 적어 주고 간다. 그의 뒷모습을 바라보며 믿음직한 젊은 경찰이라고 생각하니 조금 전 두렵고 불안하던 마음이 눈 녹듯 사라진다.

하는 수 없이 우리는 교보문고 데이트는 포기하기로 했다. 롯데백화점 13층 한우리 식당에서 점심을 먹자는 내 말에 남편은 동의하듯 고개를 주억거린다. 겨우 자리를 잡고 주문한 '버섯 국수 전골' 국물이 끓기를 기다린다. 건너편 식탁에서 전골을 먹던 젊은 손님들이 음식에서 이물질이 나왔다며 사진을 찍고 직원을 불러 거칠게 항의한다.

전쟁 아닌 전쟁을 피해 겨우 식당으로 왔는데 여기서도 다투는 모습을 보다니. 좋아졌던 기분이 팍 가라앉는다. 젊은 손님들은 왜 그리 당당하고 아는 것이 많은지, 식당 직원이 사과하고 새로운 전골을 준다고 제안하지만, 협상은 쉽게 끝나지 않을 것 같다. 주문한 음식이 조금 아깝기는 해도 그런 험악한 분위기에서 억지로 먹고 싶지는 않아 조금 떠먹다 말고 일어서 나오니 직원이 따라 나오며 연신 죄송하다며 고개를 숙인다.

커피숍에서 아이스크림 위에 에스프레소 커피를 얹은 아포가토를 주문한다. 남편은 걱정 없는 아이처럼 얼굴빛을 활짝 편 채 그저 마냥 좋은지 말이 많아지기 시작한다. 점심을 제대로 먹지 못해서였을까. 그는 큰 컵에 담긴 아이스크림을 순식간에 비우고는 "참 맛있네. 처음 먹어보는 맛 같아!"라며 싱글벙글 행복한 표정이다. 오래간만에 백화점 왔으니, 구경도 하고 쇼핑도 하자는 그의 제안이 내심 반가우면서도 감정은 좀처럼 움직이지 않는다.

오후 3시가 지나 백화점 밖으로 나가니 삼엄했던 거리는 씻은 듯이 평온해졌고 차들은 정상으로 운행되고 있다. 멈추었던 영화가 다시 상영되고 있는 것 같다.

    버스를 타고 그냥 집으로 가기로 했다. 잠시 후에 도착한 버스에 나는 재빠르게 올라탄다. 당연히 남편이 뒤따라 올라올 줄 알았는데 뒤에서 "어~ 어!" 하며 젊은 남자가 소리치는 소리가 들린다. 순간 놀라 뒤를 돌아보았는데, 무슨 일었던 것 같은 남편은 아무 일 없던 듯 시치미 뚝 떼고 내 뒤를 바짝 따라오고 있다.

    젊은이의 도움으로 자리에 앉은 남편은 버스 계단을 오르는데 손잡이를 잡은 오른손이 갑자기 힘이 빠져 뒤로 물러섰다 다시 탔다며 잠시 놀랐는지 떨떠름한 표정을 짓고 있다. 그나마 뒤따라 타던 젊은이가 할아버지가 넘어지는 줄 알고 얼른 받쳐준 덕에 사고를 모면할 수 있었으니. 그제야 청년을 보니 훤칠하게 잘생긴 게 인상도 선해 보인다.

    "고마워요. 도와주지 않았으면 큰일 날 뻔했어요."

    복잡하고 빠르게 돌아가는 세상이다. 아날로그 노인들을 소외시키고 사기를 떨어트릴지 몰라도 아직은 노인을 배려하고 따뜻한 인정을 베푸는 마음은 사라지지 않은 것 같아 일면 고맙기도 하고 반갑기도 하다. 나는 여전히 세상은 아름답고 살만하다는 생각이 든다. 급박한 상황에서 안전한 장소로 안내해 준 친절한 경찰관과 위험한 순간에 노인을 붙잡아주던 젊은이의 온정에 가슴 훈훈한 사랑과 위로가 느껴진다.

"아! 역시 아직은 내가 좋은 세상에 살고 있구나."

차창 너머로 햇살이 기세 좋게 달려든다. 나른한 잠이 정신없이 쏟아진다. 남편을 깨우고 살펴보니 벌써 용인에 도착했다는 안내방송이 흘러나온다.

내 꿈은 몇 층에 있는가

내게는 옆에 있으면 항상 즐겁고 가슴 잔잔한 파도가 이는 두 친구가 있다. 우리는 소속 학교와 전공이 서로 다르면서도 모두 '가족 상담'을 함께 공부하다 보니 워크숍과 학회에서 자주 만나면서 가까워졌다. 급기야 연구소를 함께 운영했으며 절친으로 지금까지 지내고 있다.

우리 셋은 은퇴했어도 각자 일에 몰두하며 바쁘게 살아간다. 매달 한 번씩 만나지만 약속 날짜를 잡으려면 서로의 일정을 어렵게 조정해야 한다. 우리들의 공통점은 늘 무엇인가를 해야 한다는 의무감과 생산적으로 살아야 한다는 책임감을 지니고 있다는 것이다. 심하게 말하면 강박적으로 자신을 독촉하는 편이다. 스스로 스트레스를 받고 쫓기는 생활에서 벗어나지 못하는 것이 아니라 즐기는 것도 있다. 아직도 나는 가끔 꿈속에서도 원고와 강의 자료를 충분히 준비하지 못해 쩔쩔맨다. 누구를 탓할 일은 전혀 아니다.

그렇게 바쁘다고 하면서도 국내외 학회 활동과 콘퍼런스 참석을 중요하게 생각하고 짬짬이 여행과 미식을 즐겼다. 여름방학 동안 많은 계획을 세우고 실행하려고 학기 중에는 그렇게 열심히 열정적으로 연구하고 강의하며 학생의 논문을 지도하느라고 애썼다. 그런 삶에서 즐거움과 희열 그리고 보람을 찾았던 것 같다.

조선일보에 맛집으로 소개된 이태원 '멕시칸 바토스' 식당에 관한 기사를 보았다. 언젠가 가보고 싶던 차에 친구들이 나의 제안을 두 팔 들어 환영했다. 멕시칸 식당에서 점심 먹고 용산 전쟁기념관 '모네 전시회'에 가기로 했다. 우리는 이태원 전철역에서 만나 식당까지 양지바른 거리를 기웃거리며 한가하게 걸었다.

식당은 예약 없이 11시 30분에 문을 열었다. 안으로 들어서니 옛날 보일러실이나 기계실처럼 높은 천장에는 검은 파이프가 얼기설기 지나가고 조명은 어두웠다. 불이 꺼진 극장처럼 어둡고 침침해서 낯설었다. 식탁은 간이 식탁으로 작았고 의자는 높았다. 서서히 앞이 보이기 시작하여 찬찬히 둘러보니 요리사들은 동글동글한 얼굴과 통통한 몸집에 키가 자그마한 멕시코 사람으로 보였다. 식당 직원은 손님들을 영어로 안내하고 주문받았다. 템포가 빠른 멕시코 음악은 현지식당 분위기를 한껏 풍겼다.

유학하고 돌아온 한국인 청년 둘이서 멕시코 식당 운영의 꿈을 실현한 곳이었다. 그들은 멕시코 식당 전문요리사로 현지에서 일한 경험은 물론 그곳의 특이한 문양의 식기와 장식품 그리고 식자재까지 완벽하게 준비하고 한국에서 개업했다. 메뉴는 한국인들도 편하게 먹을 수 있는 멕시코 대중 음식인 타코, 나초, 살사, 부리토, 칵테일은 데낄라, 메스칼, 마르가리타 등이었다. 그곳엔 미국에서 여행하면서 자주 먹었던 대중 음식이 준비되어서 더욱 반가웠다. 주방에서 풍겨 나오는 음식 내음은 식당 홀에 들어서는 순간부터 식욕을 북돋웠다.

맥주 메뉴판을 집중해서 들여다보며 멕시칸 전통 음료를 주문하려고 우물쭈물하자 직원이 빠르게 다가와서 도와주겠다고 했다. 우선 마르가리타를 주문했다. 그리고 천천히 시저 샐러드, 새우 타코, 부리또, 햄버거 등 골고루 시켰다. 좁은 테이블에 차려진 음식들과 혀끝을 자극하는 맛은 옛 추억을 삽

시간에 불러왔다. 그칠 줄 모르는 우리의 이야기와 웃음은 꼬리에 꼬리를 물고 분수처럼 솟아올랐다.

다시 오고 싶은 식당을 나오니 조금 전 멕시코에 다녀온 듯 기분이 신선했다. 가로수는 5월의 녹색으로 짙어지고 우리는 플라타너스 그늘을 따라 천천히 여유롭게 걸었다. 우리가 꿈꾸던 로망은 바로 이것이었다. 어느새 도착한 미술관은 주변이 한산하고 조용했다. 월요일엔 휴관인 것을 깜빡 잊었어도 두 친구는 조금도 아쉬워하지 않았다. 따스한 봄날 공원에서 먹는 딸기 아이스크림은 감미로웠다.

김 교수는 딸과 빅세일에서 쇼핑한 옷과 어울리는 높은 구두를 봐달라고 했다. "와~ 예쁘다! 멋있다!" 감탄하는 말에 그는 벌떡 일어나 엉덩이를 좌우로 흔들고 다리를 쭉쭉 뻗으며 모델의 워킹 연습이라도 한 듯 걷는 모습이 그럴싸했다. 정 교수는 손뼉을 치며 크게 웃다가 그만 사레가 들려 크윽 크큭 즐거운 기침을 했다.

우리는 가정생활과 교수 생활을 병행하면서 부모와 형제와 사별하는 슬픈 일도 겪었고, 자녀들의 진학 문제며, 가족과의 갈등, 학교와 연구소의 일 등으로 끝이 보이지 않을 만큼 참으로 많은 일을 함께 겪었다. 어느 것 하나 손볼 데 없이 깔

끔하게 일을 마무리하며 느끼는 성취감은 나의 자존심이기도 했다. 때로는 친구가 어려운 일로 높은 장벽에 부딪혔을 때, 도와줄 길은 없고 그냥 말없이 옆에 있어 주기도 했다. 외로워 보일 때는 같이 밥을 먹으며 위로하고 격려했다. 뒤돌아보면 우리 셋은 장애물 경주를 완주한 승리자이기에 스스로 자랑스럽다.

젊은 날 우리들의 로망은 무엇인가를 잘해야 한다는 중압감 없이 좋아하는 친구들과 맛있는 밥을 먹고 부담 없이 이야기하며 노는 바로 오늘 같은 날이다. 지금은 날마다 인생 최고의 순간을 즐기고 있는 듯하다.

하지만 꿈과 로망이 현실이 되었다고 해서 그것이 최종 목표는 아니다. 살아 숨을 쉬는 한 '원대한 꿈'을 갖고 앞으로 나아가야 한다. 하나의 꿈은 한 단계일 뿐이다. 다음 단계를 지나 또 그다음 단계로 넘어가며 조금씩 올라간다. 어느 순간 멈추게 되겠지만 살아있어 오늘도 우리는 꿈을 향해 나아간다.

딸아! 너를 알아보지 못한다 해도

반갑게 전화를 받았는데 흐느끼는 언니의 목소리가 불길하기만 했다.

"엄마가 이제는 나를 알아보지도 못해. 더 나빠지기 전에 네가 다녀가면 좋겠어."

눈물로 목이 멘 언니의 말을 듣고 있던 나는 의자에서 벌떡 일어나 생각할 겨를도 없이 말이 튀어나왔다.

"언니 알았어. 내가 곧 갈게."

전화를 끊었다. 서둘러 떠날 준비를 시작했다.

LA 시내에서 가까운 노인 아파트에 20년 넘도록 산 어머니는 부엌에서 이미 두 번이나 음식물을 심하게 태워 경고받았다. 세 번째 경고를 받게 되면 노인 아파트에서 퇴소당한다는 규정 때문에 어머니는 외식을 주로 하신다고 했다. 나는 언니, 남동생과 함께 어머니를 모시고 몇 개의 요양원을 방문했다. 어머니는 한인 타운으로 버스나 택시로 갈 수 있는 위치에 텃밭이 있으면 더 좋겠다고 했다. 다행히 택시 기본요금 거리에 텃밭 대신 큰 온실이 있는 요양원을 찾았다. 방 뒷문을 열면 온실로 갈 수 있는 통로가 있다. 2인실이지만 군말 없이 마음에 든다고 했다. 어머니의 표정과 목소리는 피할 수 없는 현실을 순순히 받아들이고 모든 것을 다 내려놓으신 것 같아 마음이 짠했다.

서울서 전화를 드리면 어머니는 요양원 음식이 모두 입맛에 맞지 않는다고 불평하시곤 했다. 어머니는 한인 타운에 있는 식당에 가셨다가 집 주소를 잃어버려 경찰 도움을 받기도 했다. 그 후 보호자가 동행하는 외출만 허용되었는데 어머니에게는 그것이 참기 힘든 형벌처럼 느껴졌다. 어머니는 혼자 외출할 수 없게 된 사실에 충격을 받고 너무도 우울해했다. 먹고 싶은 음식이 생각나면 혼자서도 버스나 택시를 타고 달려가시던 단골 '불고기 한식당'과 '초밥 일식당'에 날마다 가고 싶어 했다. 어머니의 요구는 당연했으나 현실감과 판단력이 약해진 상태라 어머니 말씀대로 하는 건 불가능했다. 어머니는 음식과 외출에 대한 욕구와 집착으로 요양원 직원들을 난처하게 했다.

아버지와 어머니는 노인 아파트에서 텃밭 농사를 지으며 나성 영락교회와 한인회, 지역사회학교에 다니며 미국 생활에 비교적 적응을 잘하고 살았다. 나는 여름방학에 종종 어머니를 뵙기 위해 비행기를 탔다. 그때마다 어머니는 그동안 배운 영어 실력을 자랑하고 싶으신지 식당에서 직접 주문하기를 좋아하셨다. 맥도널드 식당 직원이 잘 알아듣지 못하면 눈을 흘기며 "조것이 멀쩡하게 알아들으면서 못 알아들은 척하고 있어." 하며 멋쩍게 웃었다.

어느 날인가, 어머니는 LA 시내에서 쉽게 볼 수 있는 '시즐러' 식당에 가고 싶다고 했다. 식당에 들어서니 그날은 웬일로 나보고 주문하라고 했다. 그 식당에서는 오믈렛을 즉석에서 만들어 주었다. 높고 흰 모자를 쓴 요리사가 달걀 푼 것에 몇 가지 채소, 햄, 베이컨, 치즈 가운데 무엇을 넣겠느냐고 물어보았다. 어머니는 그것을 알아듣지 못하는 것이 스트레스였다. 나에게 귓속말로 "어떻게 주문하지?"라고 물으셨다. 나도 귓속말로 "컴비네이션 하세요." 어머니는 이미 알고 있었다는 듯이 당당하게 "컴비네이션 플리스!"라고 하셨다. 우리를 지켜보던 요리사는 큰 소리로 "오케이." 하면서 오믈렛을 만들어 주었다.

어머니는 맛있다며 하나 더 주문하러 오믈렛 만드는 곳으로 가더니 잠시 망설이듯 서 있다가 나에게로 도로 와서 "무엇이라고 했지?" 하고 물으셨다. 어머니가 다시 주문하러 가시기 전에 그 요리사는 이미 오믈렛을 만들면서 나와 눈이 마주치자, 한눈을 찡긋거리며 웃었다. 어머니는 항상 갖고 다니는 작은 수첩에 식당 이름과 메뉴를 한글로 적으셨다. 알고 싶으면 배워야 하고 필요하면 언제든지 행동으로 실천하는 정신은 여전하시다.

LA 공항에는 큰올케가 마중 나왔고, 언니는 어머니를 모시고 한인 타운 '한국관'에서 기다린다고 했다. 내가 어머니에게 달려가 품에 안기니 예전에 두 팔로 꽉 끌어안던 어머니 품이 아니었다. 영혼과 감정이 없는 인형처럼 느껴졌다. 나는 눈물이 주르륵 흘렀다. 언니와 올케도 눈물을 닦았다.

"엄마가 보고 싶다던 성자가 왔어요, 말씀 좀 해보세요."

언니의 말에 어머니는 잠시 나를 쳐다보더니 작은 목소리로 속삭였다.

"미안해요. 알아보지 못해서⋯⋯."

미안해하는 그 표정이 너무나도 애처로웠다. 올케가 한마디 했다.

"어머니 제가 누군지 아시겠어요?"

그 말을 들었는지 어머니는 조금 전과 달리 자신 있게 말했다.

"알지! 너는 내 큰며느리인데!"

기회를 놓칠세라 언니가 가슴에 손을 대며 물었다.

"나는?"

"나쁜 년!"

그 말을 내뱉으며 어머니는 눈을 흘겼다. 잠시 후, 잡고 있던 내 손을 꽉 움켜쥐었다.

"네가 왔구나! 먼 길 왔다."

그러고는 나의 양팔과 어깨를 어루만지고 얼굴까지 쓰다듬더니 와락 나를 끌어안았다. 그렇게 내 손이 저리도록 꼭 잡은 손을 한참 동안 놓지 않았다.

날마다 우리는 손을 잡고 걸으며 이야기했고 가고 싶다던 한식당과 일식당에 갔으나 별로 드시지는 못했다. 팥빵 봉지만 직원과 간호사 준다고 챙기셨다. 마지막 헤어지던 날 어머니는 당부하듯 내게 이런 말씀을 하셨다.

"다음에 내가 너를 알아보지 못해도 서운해하지 마라."

언니와 남동생은 어머니가 좋아하시는 소담한 빨간 장미로 장례식장 성당 안과 밖을 화려하게 장식해 놓았다. 아버지가 하늘나라에서 보신다면 수고한 우리들을 향해 흐뭇한 말씀을 해주실 것 같았다.

"너희들 수고했다. 어머니가 아주 좋아하겠다."

어머니는 죽음에 대한 두려움을 표현하신 적이 없었다. 외할머니와 아버지가 죽음을 미리 준비하시고 편안하게 돌아가신 것과 같이 어머니도 반드시 하늘나라에 가실 것으로 믿고 계셨던 것 같았다. 치매로 언니를 힘들게 하신 것을 미안해하면서 나에게 이렇게 부탁하셨다.

"내가 하소연할 수 있는 딸이 없었다면 외로워서 어떻게 살았을까. 네 언니한테 미안하고 고맙지. 나도 내가 왜 이러는지 몰라서 속상해. 치매 걸린 노인네 응석으로 받아 주라고 해라. 네가 언니를 많이 위로해주고 가려무나."

나는 어머니의 부탁을 언니에게 전해주었을 때 언니는 한참을 소리내어 흐느껴 울었고 나도 울었다.

두 번째 불청객

해마다 10월이면 나는 텃밭에 쪽파를 심는다. 추운 겨울을 지낸 새봄의 쪽파는 향기와 식감이 별미다. 추운 겨울에는 얼어 죽은 듯이 보이지만 3월이 되면 말랐던 쪽파에서 내뿜는 왕성한 생명력이 느껴진다. 쪽파를 조금씩 뽑아 이웃들과 나누어 먹는 것은 내 생활의 활력소다. 쪽파 몇 뿌리를 선물로 주는 사람이나 받는 이웃들은 눈빛이 반짝이고 미소가 번지게 마련이다.

4월 어느 봄날 기분 좋게 산책하고 집에 오다가 텃밭에 들렀다. 잘 차려입은 중년 부인 둘이 나의 텃밭에서 쪽파를 뽑고 있는 게 아닌가. 다시 보아도 틀림없다. 놀라서 달려갔다.

"누구세요? 텃밭 주인은 난데 허락도 없이 뭘 하세요?"

내 말에 한 여자는 뽑던 쪽파를 밭에 내동댕이치고 달아났다. 다른 부인은 두 손에 가득 쥔 쪽파를 내려놓지도 못하고 어정쩡한 표정으로 나를 바라보았다.

"4월이면 어차피 텃밭을 갈아엎을 거라서 뽑았어요."

그야말로 이유 같지 않은 이유를 대며 오히려 당당하게 굴었다. 그리곤 나의 턱 아래로 쪽파를 가까이 들이밀며 어쩔 거냐는 듯 되레 큰소리를 쳤다.

"드실 거예요?"

이렇게 되니 오히려 내가 더 당황하는 꼴이라니, 나는 쪽파가 없는 빈자리를 보며 쏘아붙였다.

"먹을 만큼 뽑은 것도 아니고 어쩌면 저렇게 몽땅 뽑았어요?"

그런데도 그 여자는 전혀 미안한 기색이 없었다.

"놓고 가면 되잖아요."

여자는 팽개치듯 쪽파를 바닥에 털썩 내려놓고는 쌩하니 가버렸다. 그 쪽파는 너무 어려 먹을 수도 없고 버리자니 아까워 펼쳐놓고 멍하니 바라보았다. 내 마음은 이래저래 난감하고 서글펐다.

1년이 지났는데도 텃밭 사건과 그 장면은 쉽게 지워지지 않았다. 지난가을에는 나누어 먹을 생각으로 쪽파를 좀 더 넉넉하게 심었다. 나는 추운 겨울에도 산책길에 언제나 쪽파의 상태를 살펴보고 다시 돌아보곤 했다. 그들은 못 보면 안부가 궁금한 친구와 같았다. 3월 말이 되니 쪽파의 가느다란 이파리가 굵어지더니 4월 봄비에 날마다 쭉쭉 생기가 넘쳤다. 싱싱한 쪽파를 뽑아 계란말이와 파전으로 식탁을 차리니 저녁 식탁이 풍성했다. 쪽파는 예상외로 단조로운 생활에 변화와 활력을 주었다.

어느 날 오후, 텃밭을 멀리서 바라보는데 중년 부인이 쇼핑백을 밭고랑에 놓고 쪽파를 뽑아 흙을 탁탁 털고 있었다. 그는 봄나물을 캐려고 작심한 듯 모자와 장갑을 챙기고 나들이 온 것처럼 보였다. 그의 가방은 불룩하고 내 텃밭에서 통통하게 자란 쪽파는 얼마 남지 않았다. 그 여자는 근처에 내가 있는 것도 알아채지 못하고 쪽파를 뽑고 또 뽑았다. 느긋하고 여유 있는 손길은 마치 자기 텃밭으로 착각하고 있는 것 같았다. 그 장면을 바라보는 내 생각은 복잡해졌다. 작년의 사건을 생각하며 똑같은 장면을 연출하고 싶지 않았다. 나는 그 광경을 피해서 텃밭 울타리 밖으로 나와 버렸다.

봄나물을 캐다가 쪽파를 만났으니, 대박이 아니겠는가?

나는 물끄러미 쳐다보다가 '쪽파는 선물이고 당신은 불청객이다.'라고 생각을 바꾸었다. 발걸음이 조금은 가벼워졌다. 집에 돌아와 남편에게 말했더니 내 마음은 아랑곳없이 성인군자처럼 굴었다.

"아주 잘~ 했네. 어차피 나누어 먹을 것인데."

내 속 쓰린 마음을 몰라주는 그에게 야속한 마음이 들었다. 그 사건이 있은 다음 날 산책길에 텃밭을 보니 쪽파가 뽑혀 나간 고랑이 휑한 게 제멋대로 흩어진 흙무더기만 나뒹굴어져 있었다. 서글픈 가슴을 쓸어내리며 나 자신을 타이르듯 중얼댔다.

"나는 이 세상에 초대받고 태어난 손님일 뿐이야."

지금은 내가 소유하고 있어도 손님으로서 즐기고 사용할 뿐이다. 세상 떠날 때는 아무것도 갖고 갈 수 없는 규칙이 누구에게나 공평한 것이 마음에 든다.

내가 그 불청객에게 대박의 꿈을 깨고 민망하게 했다면 나에게 돌아온 것은 무엇이었을까? 하지만 허락도 없이 남의 물건을 함부로 가져가는 행동을 모른척하는 것은 괜찮은 건가? 아~ 복잡한 생각을 한다는 자체가 싫었다. 사람들이 나를 만나 '재수 좋은 대박'이 생겼다면 그것도 좋은 일이 아닐까? 그렇다 하더라도 그건 정당한 방법은 아니어서 마음이 불편했다.

오래된 제자 최 교수가 내게 이런 말을 한 적이 있다.

"저는 교수님 이야기를 강의 중에 자주 해요. 학생들이 너무 좋아합니다. 허락 없이 이야기해서 죄송합니다."라고 했을 때 나는 이렇게 대답했다.

"그래? 내 얘기 해서 도움이 된다면 얼마든지 해요. 그래야 나도 산 보람이 있지."

"교수님이 그렇게 말씀하실 줄 알았어요."

현대 사회에서 따져보면 문제인 것들이 분명히 있지만, 그렇다고 문제를 잘라내 버릴 수 없는 것도 세상살이다. 가깝게 지내는 친구는 이혼하고 돌아온 딸을 보면 측은하면서도 마음이 상해 골칫덩어리를 끼고 산다고 심란해했다. 그래도 함께 살면서 챙겨주어야 마음이 편하다는 하소연에 나는 전적으로 공감해 주었다. 몇 년 사이 남편은 죽고 친구는 당뇨 증상이 심해졌고 딸이 보호자가 되어 병원 치료를 받고 있다. 그 친구는 민망함으로 마음이 복잡하다고 했다. 내가 언젠가는 그 딸이 효녀가 될지도 모른다고 말했던 생각이 난다고 하면서.

오랜만에 만난 친구는 딸이 운영하는 사업은 꾸준하게 성장하고 지금은 딸 덕분에 편하게 산다고 자랑 같은 소식을 전했다. 나는 세상만사 '새옹지마塞翁之馬'라는 말이 친구에게 딱 맞는 것 같다는 내 말에 친구는 눈시울이 붉어졌다. 세상을 살아가는데 정답도 없지만 지나고 보면 나쁘기만 한 것도 없고 좋기만 한 것도 없는 것 같다.

영원한 고향

 겨우내 기다리던 새순이 올라오고 꽃이 마음을 빼앗았는데 봄은 머물 새 없이 서둘러 지나가 버렸다. 또다시 계절 하나가 멀어졌다. 얼마나 많은 계절을 맞이하고 보내기를 반복했던가. 계절이 바뀔 때면 멈춰진 시간에 등장하는 그리운 사람들이 있다. 그 모습들이 영상처럼 마음을 스친다. 오래된 영화를 꺼내어 다시 보는 듯하다.

 10월이 오면 우리 집은 겨울 준비에 연일 시끌벅적했다. 방문마다 창호지를 새로 바르는 날은 집안의 큰 행사를 치르는 날이었다. 어릴 적에 나는 창호지 바르고 도배하는 게 신이 나서 시키지 않아도 일을 거들곤 했다. 남자들은 가구를 옮기고 문을 떼고 달고 부산하게 움직였다. 언니와 나는 마당에 떼어놓은 문짝에 물을 뿌리고 묶은 창호지를 뜯고 문틀을 닦았다. 할머니는 풀을 쑤고 나서 점심 준비로 분주하다. 어머니가 재단한 창호지에 언니는 커다란 붓으로 묽은 풀을 발라 오빠에게 주고 나는 종이 한편을 균형 있게 잡아주었다. 갑자기 언니가 악! 큰 소리를 질렀다. 돌아보니 네 살짜리 남동생이 새로 창호지를 발라놓은 문창살마다 손가락으로 구멍을 뚫고 있었다. 지금 그 동생은 칠순 할아버지가 되었다.

그 당시는 장작과 연탄을 땠다. 11월이면 마당 한구석에는 연탄과 장작을 높이 쌓아 올려놓았다. 열 식구가 봄까지 먹을 쌀가마를 통풍이 잘되는 광 한쪽에 쌓아 두어도 봄에는 쌀벌레가 생겼다. 할머니는 저녁밥을 짓기 전에 키질하여 쌀벌레를 골라내는 것부터 시작하셨다. 아버지와 어머니는 부지런히 쌀과 잡곡, 마른 생선과 미역, 소금과 젓갈 종류를 사들이셨다. 식구들은 광에 차곡차곡 쌓여가는 겨울 준비를 보며 갑자기 부자라도 된 듯 흐뭇해했다.

김장하는 날도 온 식구가 팔을 걷어붙이고 거들었다. 100포기가 넘는 배추와 각종 양념거리는 한 트럭이나 되었다. 우리 가족은 김장배추를 집안으로 끌어들이고 마당에 불을 켜놓고 밤이 이슥하도록 배추를 반으로 잘라 절였다. 다음 날은 마당 한 편에 땅을 파서 김장독을 묻고 비나 눈을 피할 수 있는 네 기둥에 짚으로 만든 지붕을 만들었다. 마지막 순서로 배추를 씻어 양념한 김치를 김장독에 차곡차곡 담은 후에 소금을 듬뿍 넣고 버무린 배추 시래기로 덮었다. 김장독 뚜껑 위에 짚으로 만든 큰 방석을 씌우면 끝이 났다. 겨우내 먹을 김치를 항아리마다 그득 채우고 다음 여름에 먹을 무짠지까지 담그는 데 삼 일이나 걸렸다.

먹거리 준비를 마치면 할머니와 어머니는 이불 홑청을 뜯어 빨고 다듬이질과 홍두깨질을 마친 뒤 꿰매기 시작한다. 학교로 가면서 집을 향해 내가 다듬이질할 것을 남겨두라고 큰 소리로 말한다. 두 사람이 마주 앉아 다듬이질하는 소리는 박자를 맞추고 크고 작은 리듬이 있어 듣기에도 흥겨웠고 마음도 평안하게 했다. 이불을 꿰매는 날, 옆에서 바늘귀를 꿰어 손에 들고 있다가 어머니와 할머니에게 전달하는 일이 내 몫이었다. 할머니와 어머니의 계절은 그렇게 식구들 먹고 입고 사는 일을 돌보며 오고 갔다. 그것이 무늬가 되고 문화가 되고 삶의 역사가 되어 내게도 남아 흐르는 것이리라.

나는 어려서부터 집안의 큰 행사를 거들고 배우면서 자연스럽게 가족의 일원으로 소속감과 뿌리 의식이 생긴 것 같다. 월동 준비가 그랬다. 가족에 대한 결속감과 일체감은 나에게는 마음의 고향이다. 더불어 사는 가족 공동체 의식은 일상생활을 하면서 몸과 마음으로 스며들었다. 지금도 마음의 고향은 눈앞에 선명하고 그곳으로 달려가고 싶을 때가 있다. 그곳은 영원히 즐겁고 평안할 것만 같다. 마음이 아프고 지칠 때면 편히 쉬고 돌아올 수 있는 마음의 집이기도 하다.

내가 사는 아파트 빨래방에 가면 옛 생각이 나곤 한다. 가을이면 할머니는 빨래를 하고 다듬이질을 하셨다. 어머니는 바쁘게 뜨개질하거나 옷을 만드시느라 싱거미싱을 돌렸다. 애들이 일곱 명이나 되니 정신없이 분주했다. 그때의 안방은 요즘의 빨래방이 된 듯하다. 우리 아파트의 빨래방도 계절이 바뀔 때면 바쁘게 돌아간다.

사람들은 계절이 바뀌면 그동안 입던 옷을 빨아 정리하고 새 계절에 맞는 옷을 챙긴다. 나는 허리가 굵어져 바지 허리를 늘리고 남편은 키가 줄어 바지 기장을 줄이러 간다. 빨래방 아주머니는 언제나 웃는 얼굴로 반겨준다. 그녀의 너그럽고 편안한 모습을 보니 할머니와 어머니가 계신 안방 생각이 난다.

혼자 사는데도 단정하고 깔끔한 남자분들을 빨래방에서

가끔 본다. 평소 말이 없던 그들은 빨래방에서 편하게 이야기를 나누고 여자분들은 몸이 여기저기 아프다고 하소연이다. 아주머니는 무슨 이야기든 일하면서 들어주고 관심을 기울인다. 내가 코로나 후유증으로 고생할 때 입맛이 없다고 하소연했는데 옷 수선한 것을 찾으러 갔더니 내가 좋아하는 상추를 넉넉하게 주셨다. 텃밭 농사하는 친구가 준 상추를 챙겨두고 나를 기다렸다고 한다. 마음이 뭉클하고 코끝이 찡하다. 나는 3일 동안 그 상추를 먹으면서 푸근하고 따뜻한 마음이 약보다 낫다고 느꼈다.

빨래방 아주머니는 옷을 빨아주고 수선하는 것만이 아니라 쓸쓸하고 외로운 이웃들의 마음도 다독여주고 상한 마음도 위로해 준다. 10년이 넘게 우리는 이렇게 더불어 살면서 서로 위로하고 격려하며 한 식구처럼 살아간다.

사람들은 외롭고 고통스러워 마음이 흔들릴 때 내적인 평안함을 위해 무엇을 할까. 남편은 아직도 치료 중이지만 내 옆에 있기만 해도 나는 편안한 마음으로 글을 쓴다. 지금 내가 살아있는 삶의 현장이 마음의 고향이고 영원한 고향으로 느껴지기도 한다. 고향에 다녀온 날은 내가 더없이 평안하고 풍성해진다.

총알 같은 세상

온 세상 사람들이 주로 집에서 빈둥대며 인터넷과 TV만 보고 지내도 누구 한 사람 불평하지 않던 코로나 시대가 있었다. 어느 날 아침에 눈을 떠보니 다른 세상에 와 있는 격이었다. 재택근무에 온라인수업과 배달 문화의 일상이 한동안 어리둥절하기만 했다. 인간의 적응력은 어느 다른 동물과 비교할 수 없이 대단했다. 나도 모르는 사이에 차츰 TV 속에 빠져들어 과거에는 몰랐던 여러 세상 구경에 재미를 붙였다. 나는 TV 〈슈퍼밴드〉와 〈국민가수〉 등 음악 프로그램을 즐겨보았다. 청소년들을 포함해서 젊은 참가자들이 기존 음악 작품을 편곡하고 다양한 창법과 악기로 연주하는 재창조의 장을 유감없이 보여주는 프로그램이었다.

그들은 전통음악을 존중하며 그 정통성은 잘 살리면서 장르를 바꾸기도 했다. 조화가 어려워 보이는 대금과 같은 국악 악기와 첼로 또는 드럼 악기를 거침없이 함께 사용하여 새로운 차원에 도전했다. 기존의 곡을 재해석하고 자신만의 창법으로 노래하거나 악기로 연주하여 창작과 표현법을 새롭게 살려내는 것이다. 이렇게 젊은이들이 창의적인 삶을 추구하는 것을 보면 나 역시 활력을 얻어 어깨를 들썩이며 신나게 응원하곤 했다. 성공은 물론 실험정신과 용감한 도전에 큰 감동이 왔다.

참가자들은 자율적으로 3명에서 5명 정도의 연주 팀을 구성하고 리더를 정했다. 그들은 자유롭게 연주 방향을 설정하고 곡을 선택한 후 편곡과 연주 악기 등을 결정하는 과정이 흥미로웠다. 도전을 위해 각자의 의견을 제시하고 협의하며 방향을 잡았다. 다음 단계에서는 서로 지원하고 개인의 주장은 양보했다. 전체를 위해 자신의 의견을 절제하며 좋은 음악은 단합과 조화가 최우선인 것을 강조했다. 함께 고민하면서 꿈을 현실로 만들어가는 청소년들의 모습에서 희망을 보았다.

또한 심사위원들의 역할과 영향력이 시청자들의 감상 수준을 점차로 끌어 올리는 것으로 보였다. 심사 기준을 파악하고 '슈퍼밴드' 연주를 듣고 보면 더욱 관심의 폭이 넓어지고 적극적으로 참여하며 즐기게 되었다.

어제는 준결승전이 있었다. 참가자들이 매주 보여주는 연주는 다양하고 상상을 초월하는 창의력을 발휘했다. 어떤 팀은 연주하는 곡과 가사 내용에 몰두하게 하고 한 편의 드라마를 연상하게 했다. 역시 창의력이 뛰어난 팀이 더 높은 점수를 받았다. 참가자들의 연주를 보다가 하늘에서 외계인이 날아온다면 그들의 노래는 얼마나 우리와 어떻게 다를지 상상해 보았다.

심사위원들은 칭찬을 아끼지 않았다. 볼 때마다 성장하고 있는 연주자들의 무한한 잠재력에 감탄하며 기뻐했다. 몇몇 팀은 국제 경연대회에 나가도 손색이 없겠다고 인정했다. 이렇게 기성세대 어른들은 연주의 장을 만들어 주고 격려와 용기를 북돋아 주며 지도했다. 부족한 점도 지적하지만 사기를 떨어뜨리거나 상처를 주지 않으려고 자제하는 모습도 엿보였다. 참가자들은 우승은 놓쳤어도 많은 것을 경험하며 배웠다고 했다. 또한 존경하는 심사위원들과 앞으로 같이 활동할 동료를 만나 행복했다며 말도 잘했다. 몰두하는 일에 모든 열정을 쏟으며 공동작업하는 그들이 자랑스럽고 자부심을 느꼈다.

〈슈퍼밴드〉 프로그램은 자정 12시가 다 되어 끝이 난다. 10시가 되면 어김없이 잠자리에 드는 남편도 슬그머니 옆으로 와서 조금씩 보기 시작했다. "당신 이런 음악 시끄러워 싫다고 하지 않았어요?" 물어보니 남편은 "다른 세상 음악 같은데 괜찮아."라고 했다. 남편은 결승전에 관심을 보이며 내가 선정한 결승 후보가 우승하기를 열심히 응원했다. 감정과 행동을 이렇게 변화시키는 것은 음악의 놀라운 영향력이 크다는 걸 실감했다.

나는 좋아하는 프로그램을 선별적으로 시청하면서 공감하고 즐거워하며 에너지를 충전한다. 과학, 음악, 미술, 역사와 관련된 강의와 연주, 전시회, 탐사 등의 프로그램은 나의 욕구를 골고루 충족시켜 준다. 한때 TV를 바보상자라고 피하면서 낮게 평가하기도 했다. 지금은 케이블 방송 채널을 500개까지 수신할 수 있다고 한다. 방송 내용의 다양성과 전문성이 얼마나 높고 넓은지 알면 알수록 상상할 수가 없다. 이제는 핸드폰과 블루투스 스피커만 있으면 원하는 프로그램을 얼마든지 보고 듣고 즐길 수 있다. 음악 전문가의 연주만이 아니라 인공지능과 AI 시대의 기초과학에 이르기까지 전문 강사의 강연도 들을 수 있다. 유튜브 방송의 어떤 명강의는 '대학'으로 발전하여 강좌를 개설하고 학점도 준다.

세상의 변화는 어떤 부분에서는 한순간 과녁을 명중하는 총알과 같다는 생각이 든다. 무엇이 어떻게 돌아가는지를 아는 것은 거의 불가능해졌다. 도서관에 가지 않아도 필요한 자료를 찾아 요약하고 번역도 해주는 인공지능 챗GPT를 사용할 수 있다. 내가 모르는 새로운 발명품이 얼마나 많을지 상상할 수가 없다. 다른 한 편으론 모든 개발 상품이 인류 평화를 위해서만 사용되지 않는다는 것에 염려되기도 하고 불안하기도 하다. 과거에는 상상조차 할 수 없었던 신기한 신상품 개발의 속도는 점점 빨라지고 날마다 많은 정보가 쏟아져 나온다. 디지털 세상에 조금씩 익숙해지는 것이 아니다. 이젠 홍수같이 쏟아지는 많은 정보에 신기함과 놀라움도 없고 아무리 애를 써도 알 수도 없으며, 모른다고 해도 나의 일상생활에서 피부에 와 닿는 것이 없다.

혹, 총알이 내 머리 위로 휙휙 지나가는 것은 아닐까?

성씨가 다른 닮은 꼴

외할머니는 마치 딸 하나를 위해 이 세상에 태어난 사람처럼 보였다. 계절에 따라 딸에게 곱디고운 한복과 버선을 정성스럽게 지어 주시느라 항상 화로와 인두를 끼고 사셨다. 아버지는 고운 한복으로 차려입은 어머니를 앞세우고 외출하기를 좋아하셨다. 우아한 차림으로 외출하시는 아버지와 어머니를 배웅하시는 외할머니의 표정은 항상 흡족하셨다. 하지만 가끔 어머니는 옷과 버선이 마음에 들지 않으면 심하게 짜증을 내었다. 아무 말 없이 어머니의 신경질적인 짜증이 끝나기만 기다리는 외할머니가 어린 마음에도 안쓰럽게 보였다.

모두의 관심과 사랑을 독차지하고 자란 무남독녀 외동딸인 어머니는 결혼해서 3남 4녀를 두었다. 외할머니에게는 우리 7남매가 큰 자랑이고 보람이며 행복이었다. 외할아버지는 외손주가 태어나던 날 동네 집집마다 문을 두드리며 "우리 딸이 아들을 낳았어요!"라고 알리고 큰 잔치까지 베푸셨다고 들었다. 외할머니는 딸이 낳은 외손자가 하도 소중해서 다른 사람은 손도 못 대게 하고 오로지 당신만이 업고 다니셨다고 한다.

외할머니는 외손주인 우리에게 큰 소리로 야단 한번 안치고 정성을 다해 키워주셨다. 칠 남매나 되는 손주들의 밥그릇 모양을 다르게 정해놓고 따로따로 사용하면서 숭늉도 다시 씻은 대접에다 주었다. 아버지와 어머니 그리고 오빠는 별도로 밥상을 차려 아랫목에서 먹게 했다. 나머지 식구는 넓은 두레반 밥상에 둘러앉아 먹었다. 그래서인지 나는 밥을 먹으려면 늘 배가 아팠다. 눈치를 챈 아버지는 나를 불러 옆에 앉히곤 하셨다. 외할머니는 소리 없이 내 밥그릇을 들고 와서 상위에 놓아주었고 아버지는 굴비 접시를 내 앞으로 옮겨주셨다. 지금도 굴비를 보면 아버지 사랑으로 느껴진다.

외할머니는 고운 색의 비단 조각을 모아서 저고리 섶을 만드셨다. 그것은 모자이크처럼 정교하고 아름다웠다. 설 명절을 앞두고 손녀들을 위해 화려한 섶을 붙인 저고리를 짓고 나서 콧등에 수놓은 버선을 만들었다. 게다가 명절 때마다 잊지 않고 곱게 수놓은 복주머니에 세뱃돈을 넣어 주셨다.

나는 종종 외할머니가 바느질하는 모습을 구경하면서 친가와 외가에 관한 이야기를 들었다. 아들을 낳지 못해 외할아버지가 소실을 셋이나 들였다는 '한' 많은 시집살이 이야기를 들을 때는 어린 내 마음도 억울하고 슬프고 아팠다. 불편해하는 손목을 주물러 드리면 외할머니는 소리 없이 내 등을 쓰다듬어 주시곤 했다.

외할머니는 글을 읽을 줄 모르지만, 필요한 것은 어느 나라 글자든 그대로 사진으로 찍듯이 잘 기억해 두었다가 누가 물건을 찾으면 바로 찾아 주셨다. 구구단도 모르면서 외할머니의 계산법은 정확하면서도 빨랐다. 매사 사리 분별이 밝고 바느질과 음식 솜씨는 물론이고 정리 정돈도 완벽하게 잘하셨다. 인정도 많아 밥 얻으러 오는 사람들에겐 아랫목 찬합에 담아둔 따뜻한 밥을 담아 주셨다. 부지런하고 독립적인 성격은 어머니가 외할머니를 그대로 닮은 것 같았다. 다만 어머니는 항상 급하셨고 외할머니는 서두르는 적 없이 조용하게 움직이는 분이셨다.

나는 주변에서 주장과 개성이 지나치게 강하고 자기중심

적인 사람과 마주치면 '우리 어머니도 그러하셨으니 내가 이해하고 참자.'라며 일찍 포기하고 마음을 접는다. 어머니는 딸도 대학 교육을 받아야 한다고 주장하셨고 등록금은 어떻게 해서든 감당해 내셨다. 그런데도 우리 7남매는 매사에 자신감이 넘치는 어머니보다는 지혜로운 외할머니와 묵묵한 아버지를 더 좋아하고 따랐다.

내 아들이 대학에 진학한 이후 나는 박사과정에 진학하고 싶다고 말씀드렸다. 어머니는 집안일을 돌보아 줄 것이니 공부하라며 기다렸다는 듯 응원해 주셨다. 아버지와 어머니는 내가 사는 집 근처로 이사 와서 도와주셨다. 박사학위를 받은 후 교수로 봉직하면서 LA에 사는 어머니를 방문했다. 그때 어머니는 3시간 전부터 동네 나무 그늘에서 친구들과 함께 나를 기다렸다고 했다.

어머니는 집안에 들어서자마자 1캐럿이 넘는 크기의 다이아몬드 반지를 축하 선물로 내 손가락에 끼워주며 "내 딸이 박사가 되고 교수가 되어 너무 좋다. 네가 해낼 줄 알았다."라고 하시며 크게 기뻐하셨다. 어머니는 반지 살 돈을 마련하기 위해 봉제공장에서 일하셨다. 굳이 나를 위해 일했다고 말은 하지 않았지만, 바느질 솜씨가 워낙 좋아 두 배의 돈을 받고 실크 블라우스 손바느질을 했다는 자랑만 하셨다. 나는 어머니의 사랑이 고마워서 꼭 끌어안아 주었다.

내가 어렸을 적에 외할머니와 어머니는 자주 이런 말씀을 하시곤 했다. "너는 딸로 태어났어도 아들 부럽지 않게 될 거다."라고. 지금 생각하면 외할머니의 아들에 대한 '한'과 어머니가 '불평등'하다고 보는 남자 중심의 사회에서 딸이 강하고 담대하게 살아가기를 바라는 마음이 크셨던 것 같다. 나의 성격과 가치관을 곰곰이 생각하면 외할머니와 어머니의 영향을 가장 많이 받은 것이 분명하다. 대학에서 서양 가족을 배경으로 발전한 '인간 행동과 사회환경' 이론을 강의할 때면 '한국 가족 문화'와 '서양 가족 문화'의 다른 점을 비교하면서 그 이론을 받아들여야 한다고 강조했다. 내가 '한국 가족 문화'를 할머니와 어머니로부터 일상생활 속에서 직접 물려받았기 때문이다.

언니는 우리 7남매 중에 내가 어머니를 가장 많이 닮았다며 "너는 어머니의 자랑거리였다."라고 말해주었다. 아들과 조카들은 어려서부터 이모들 집에 가면 음식 솜씨와 말하는 습관 그리고 집안의 분위기가 너무 비슷하다는 말을 자주 했다. 우리 형제들의 직업은 모두 달라도 나이 들수록 삶의 가치관과 죽음에 대한 자세가 너무 비슷해지는 것이 놀랍고도 신기하다.

아버지와 어머니는 우리 형제들을 무조건 믿고 도와주시며 "뒤돌아보지 말고 앞만 보고 살아라."라고 하셨다. 부모님은 자녀들이 높이 나는 자유로운 '새'가 되기를 바라셨던 것 같다. 겨울 새들이 떼를 지어 먹이를 찾아 부지런히 왔다 갔다 하는 행동을 유심히 보노라면 외할머니, 어머니와 아버지 그리고 형제들의 서로 닮은 삶의 모습이 겹쳐 보인다. 서로 다르지만 모두 닮았다. 함께 나는 새들처럼.

chapter 3

파도 앞에 서다

죽음과 가까이

몇 년 전부터 걷기가 점점 더 불편해지는 남편 손을 잡고 하루에도 몇 차례씩 동네를 걷는 현이 부부를 눈여겨보곤 했다. 그들은 마치 마라톤에서 마지막 코스를 완주해 가는 선수 같다는 생각이 들었다.

현이는 남편이 회복 가능성이 없다는 의사의 진단을 받고 남은 삶은 보다 좋은 환경에서 남편과 함께 사는 것이 마지막 로망이라고 한다. 자녀들도 놀랄 정도로 냉정하게 모든 것을 정리하고 지방에서 용인 시니어타운으로 이사 왔다. 남편은 더 바랄 것이 없다며 아내가 하자는 대로 열심히 협조했다고 한다.

평생 과학자로 살아온 남편은 알츠하이머로 기억력이 약해지는 것을 의식하고 모든 것을 미리미리 꼼꼼하게 정리했다. 그는 가족과 주변 사람들에게 마지막 인사말까지 글로 써서 전달할 정도로 세밀하고 정이 많은 사람이었다. 마지막 단계에서 그는 소리 내어 말은 할 수 없어도 일일이 손을 잡고 눈을 맞추며 인사를 나누고 평온하게 운명했다고 한다. 남편은 10년이 넘는 투병 생활을 마치고 현이를 세상에 남겨두고 홀로 떠났다. 그래도 가족에게 줄 수 있는 '최상의 선물'을 주고 떠나갔다고 현이는 담담하게 말했다.

현이가 남편과 사별한 지도 2년이 지났다. 나는 오고 가면서 그의 건강 상태를 살펴보게 되었다. 병간호하면서 옆으로 휘었던 허리는 조금씩 펴지고 활기가 생기는 것 같았다. 운동하는 모습이 보기 좋다는 내 말에 현이의 반응은 애교 있고 당당했다.

"저는 원래가 그런 사람이에요."

잠시 말이 없던 현이는 또 이렇게 고백했다.

"사실 겉으론 강하고 활발해 보였지만 그동안 밤이면 홀로 얼마나 많은 슬픔을 쏟아냈는지 몰라요. 제 눈 가장자리를 좀 보세요."

그녀의 짓무른 눈가장자리에는 눈물이 고여 있었다. 남편 말만 꺼내도 보고 싶고 그리운 감정은 눈물이 되어 흘렀다.

아! 그렇구나. 의지와 성취 욕구가 강한 것은 또 다른 이야기이구나. 나는 하려던 말을 삼켰다. 이제는 현이가 자신을 위한 삶을 살기 시작했다고 본 것은 나의 성급한 마음이었나 보다. 남편에게 끝까지 최선을 다해 돌보았기 때문에 죄책감이나 미안한 감정이 적을 것이라는 생각도 나의 짐작일 뿐이었다.

    나는 결혼 전에는 스스로 독립적이고 강하다고 생각했는데 결혼한 이후 상당히 의존적으로 변한 것을 요즘 실감하고 있다. 이제 남편은 고령이고 건강이 좋지 않지만, 예전보다 심리적으로 더욱 의존하는 자신이 놀랍기도 하다. 그가 내 옆에 없으면 글도 쓸 수가 없고 나를 버텨주는 버팀목이 무너질 것 같아 두렵다고 말했다. 내 말을 조용히 듣고 있던 남편은 약간 흥분한 목소리로 "당신을 지키려면 내가 오래 살아야겠네." 한다. 그리고는 "만일 내가 먼저 세상을 떠난다면 처음엔 힘이 들겠지. 당신은 능력이 많은 사람이니 너무 겁내지 말아요. 나도 오래 살도록 최선을 다할게요." 나를 안심시켜 주었다.
    저녁 식사를 마친 후 남편은 내 주변을 왔다 갔다 하더니 무언가 하고 싶은 말이 있다는 듯 내 책상 옆으로 와서 자리를 잡고 앉았다. 그는 나에게 '고맙다'는 말을 하고 싶었다고 했다. 우리가 이렇게 건강하고 행복하게 살 수 있는 것은 내가 몸에 좋은 건강식품과 일상생활을 챙겨준 덕분이라고 했다. 남편이 "고맙다, 당신 덕분에."라고 고백하는 말을 직접 듣자니 내 가슴이 뛰었다. 그가 직접 말을 하지는 못해도 진심으로 고마워하는 줄을 알고 있었지만 처음 듣는 것처럼 감동적일 줄은 몰랐다.

우리 부부는 젊어서는 죽음에 관한 이야기를 피했으나 최근에는 죽음을 자연스럽게 말하고 감정을 표현한다. 우리는 100세 넘어서의 삶을 대비해 장기 계획을 세웠다. 신체적 건강과 인지적 기능이 점차로 약해지고 거동이 불편해지는 과정을 두려워하지 말고 강하고 담대하게 대처하며 극복하자고 했다.

약속했으면서도 남편은 전체적 기능이 약해지는 것에 실망하고 위기가 닥쳐온 것 같이 모든 것을 심각하게 생각했다. 그는 약 복용을 거부하고 마음대로 약의 분량을 늘리고 줄여서 가끔 다투고 마음이 상했다. 다투고 나면 무엇보다 우울하고 사기가 떨어지는 것이 두려웠다.

나는 '부탁할 것'이 있으니 잘 들어달라고 요청했다. 남편은 긴장하고 불안한 표정으로 들었다. 나는 서로 존중하며 싸우지 않고 협력하여 건강관리 잘하고 같이 오래 살고 싶다고 했다. 이별할 때가 되면 며칠간 작별 인사하고 잠을 자듯이 하늘나라로 가는 것이 소망이라고. 진지하게 듣던 남편은 목소리를 높여 "나도 마찬가지야." 한다.

남편은 자신의 인지기능이 약해지는 것에 자존심이 상해 우울했고, 아내의 감시를 받으며 약과 건강식품을 먹는 것이 싫었다고 했다. 일일이 참견하는 것이 귀찮고 건강식품 효과도 의심이 가서 제대로 먹지 않았다고 솔직히 말했다. 미리 짐작은 했지만 직접 이야기를 듣고 나서는 미안한 마음이 들어 스트레스를 준 것에 사과했다. 남편이 복용할 약과 건강식품의 복용 시간표를 만들어 책상 앞에 붙이고 스스로 챙기도록 했다.

남편은 복용 시간표를 하루에도 몇 번씩 보고 확인하더니 3주째 하루도 빠짐없이 시간표대로 실행했다고 자랑스럽게 말한다. 아무리 잘한다고 해도 아쉬움은 남겠지만 좋은 기억은 위로가 되고 살아갈 힘을 주리라고 믿는다. 마지막 단계에서 부부가 서로 배려하며 남은 여정을 완주한다면 그것은 우리 부부에게도 '최상의 선물'이 될 거라고 나는 믿는다.

환자와의 빅딜

어제는 남편이 심기가 뒤틀렸는지 요양보호사가 왔는데 오늘은 필요 없으니 그냥 가라고 했다. 그는 기존의 요양사가 4일간 휴가를 가서 대신 온 것이다. 이틀은 그런대로 했고 오늘은 삼 일째인데 출근하여 인사도 하기 전에 그렇게 말해서 나도 당황했다. 남편은 주로 서재에서 생활하고 나는 거실을 내 작업실로 사용하기 때문에 방문을 열면 소리가 다 들리고 방문을 닫으면 조용하다. 오늘은 방문을 닫기도 전에 남편의 심술이 시작되어 무슨 말을 하는지 다 들렸다.

    마음씨 좋고 활달한 여자 요양사는 남편이 고약하게 심술 부려도 애 달래듯이 했다. "오늘은 제가 여기에서 3시간 일을 해야 합니다. 제가 마음대로 온 것이 아니고 불러서 오지 않았습니까?" 방문 밖에서 듣고 있던 내가 가까이 가니 남편은 나에게 "누가 마음대로 사람을 보내놓고 왜 귀찮게 해요? 내가 알아서 할 것이니 보내세요." 하며 짜증스럽게 말했다. 무엇 때문에 왜 짜증을 내는지 알 수가 없었다. 나는 요양사에게 민망하고 미안해서 밖으로 불러내어 이야기했다. 오늘은 심기가 편치 않은 것 같으니 잠시 혼자 있게 놔두고 우리는 밖에서 기다려 보자고 말했다.

잠시 뒤에 외출복으로 갈아입은 남편은 나갔다 오겠다고 했다. 나는 혼자 가고 싶은 데가 있으면 다녀오세요. 그런데 요양사가 멀리서 따라가다가 넘어지거나 길을 잃어버리면 도와드릴 거라고 했다. 남편은 잠시 생각하더니 협상이라도 하듯이 좋다고 했다.

하루 지나서 남편에게 어제 요양사에게 아무것도 하지 말고 그대로 가라고 했는데 그 이유가 무엇이냐고 조심스럽게 물었다. 남편은 요양사가 남자가 아니고 여자라서 그렇게 말한 것도 있고 다른 이유도 있다고 했다. 여자 요양사가 아무 교육도 받지 않은 아줌마로 보인다. "왜 내가 그 사람이 하라는 대로 말을 들어야 하지? 그 정도는 나 혼자도 할 수 있고 요양사의 간섭을 받고 싶지 않아. 사무실에서 왜 마음대로 자격도 없는 요양사를 보냈지? 그 정도 일을 하고 왜 돈을 내라고 하지?" 이와 비슷한 질문을 하기 시작하면 이미 여러 차례 설명했기 때문에 나는 일일이 설명하지 않고 문을 닫고 나왔다.

지금은 환자지만 과거에는 누구보다 인지능력이 뛰어났던 남편이 집 주소까지 기억하지 못하는 현실을 어떻게 받아들이겠는가. 자존심 상하고 존재가치와 삶의 의미를 생각하며 우울하고 힘들어하는 그의 심정을 안다고 한들 얼마나 알겠는가. 나 역시 능력을 높이 인정받던 그의 모습을 아직 내려놓지 못하고 있다. 눈을 감고 있는 그의 손을 잡으니, 가슴이 아프고 눈물이 흘렀다.

우리 부부는 치매가 시작되기 6개월 전부터 치매가 멀지 않아 시작될 가능성에 관해 신경과 의사와 의논해 왔다. 그래도 막상 치매로 진단받았을 때는 벼랑 끝에서 굴러떨어지는 기분이 들었고 비행기가 심한 먹구름 안으로 들어가고 있다고 생각했다. 몇 주간은 이성적이고 긍정적으로 생각하며 노력했지만 나를 다스리며 남편을 돌보느라 나름 가진 애를 썼다. 남편은 밖으로 표현을 하지 않는 편이지만 밤이고 낮이고 눈을 감고 지냈다. 내가 손을 흔들며 자느냐고 물으면 그제야 눈을 뜨며 생각이 많아서 그렇다고 했다.

1년이 지나면서 조금씩 적응하며 받아들이는가 싶었는데 가끔 이해하기 힘든 말을 하거나 터무니없이 의심하고 고집을 부려 옆에서 돌보기가 힘든 시기가 있었다. 나도 점차로 쉽게 피곤해지고 예민해져서 마음에 여유가 없으니 쉽게 짜증을 내고는 혼자 벽을 보고 누워 울기도 했다. 나는 "자기 입장만 생각하고 남자 요양사만 고집하면 내가 얼마나 힘든지 아세요." 하고 하소연했다. 눈을 감고 있는 그에게 내가 하는 말을 이해하느냐고 물으니, 알겠다는 듯 고개를 끄덕였다. 나는 요양보호사가 하는 일에 협조해 달라고 부탁했다. 그는 눈을 감고 잠시 생각하더니 큰 결심이라도 한 것처럼 "당신이 하라는 대로 할게."라고 했다. 순간 모든 것을 포기한 사람 같은 느낌이 들어 안쓰러웠다.

질병과 상태에 따라 차이가 있으나 환자를 희생적으로 돌보고 장기간 버티는 것은 신체적 정신적으로 생각보다 힘든 일이다. 나는 처음으로 남편의 병간호를 하고 있다. 폐렴으로 생명의 위험한 고비를 넘기고 치매 환자가 된 남편을 돌보는 나를 되돌아보았다. 남편의 자는 모습을 들여다보며 손을 잡고 있으니 내 몸의 한 부분으로 느껴졌다.

시간이 지나면서 나의 에너지가 고갈되고 불안과 스트레스가 누적되어 위장장애, 불면증, 순환장애, 근육 긴장이 심해 일상생활에 장애가 될 정도로 불편해졌다. 너무 피곤하고 힘든 날은 내 정신이 혼미해서 약 먹는 시간을 바꾸어 준 적도 있었다. 나는 의사들의 주의를 들으며 치료약과 보약을 먹기 시작했다. 경험이 있는 사람들은 장기 환자를 돌보려면 자신의 건강을 잘 챙겨야 한다고 강조한다.

의사는 진행 상태를 늦추거나 유지만 해도 성공이라고 하는데 지금은 좋아진 것으로 보인다고 했다. 의사와 나는 치매에 좋다고 알려진 녹용이 들어간 한약을 60일간 복용한 것이 효과가 있다고 생각했다. 전체적으로 좋아진 상태가 계속 유지되는 것은 아닐 것이다. 기분이 좋다가도 갑자기 피곤하다고 했다. 때로는 어제 일도 잊어버리고 의심하고 고집을 부려도 기다려주면 진정되었다. 의사도 갑자기 예상하지 못한 격한 행동을 할 수 있으니, 그때는 즉시 연락하라고 했다.

남편은 컨디션이 좋은 날은 치료 과정에 관해 궁금해하고 자신의 상태에 관해 질문했다. 나는 솔직하게 설명하고 환자의 협조가 매우 중요하다는 것을 강조했다. 의료진의 진료와 장기 요양보호를 받는 과정에서 자존심이 상하고 마음에 들지 않고 싫어도 전체적인 치료 과정에 협조하기로 합의했다. 남편과 나는 대단한 협상을 성사시킨 기분이었다. 내일 모든 것을 기억하지 못한다고 해도 오늘의 진실을 믿으며 한 걸음 한 걸음 우리는 걷는다. 둘이 함께.

죽어도 감사

얼마 전에 남편은 감기 끝에 폐렴이 와서 심한 기침과 호흡곤란으로 고통스러워했다. 폐에 물이 차서 호흡이 짧고 숨이 가빠 보기에 안쓰러웠다. 의사는 환자가 스스로 호흡할 수 있는 것만도 다행이라고 했다. 남편은 90세가 넘고부터 온 가족이 걱정하며 마음고생을 했다. 낮에는 병원 검사실과 진료실에서 기다려야 했고 밤에는 환자가 부르면 자다가도 벌떡 일어나야 했다. 나는 며칠 버티지 못하고 몸살이 나고 말았다. 환자와 가족들은 어떻게 해야 좋을지 몰라 서로 안타까워만 했다. 영양주사를 맞고 누워있는 나는 군인이 전쟁터에서 후송병원으로 옮겨져 침대에 누워있는 모습을 상상했다.

여러 차례 X-ray 촬영과 혈액검사를 받았고 그 결과에 따라 달라지는 각종 약들과 복잡한 복용 시간을 기억하고 챙기려니 바싹 긴장이 되었다. 일단 남편의 약 복용 시간표를 만들어 벽에 붙여놓았다. 거기에다 나까지 약을 먹기 시작하니 어느 약이 누구 것인지 정신을 똑바로 차리지 않으면 헷갈리기 일쑤였다.

  질병 상태는 날마다 변화했고 검사 결과에 따른 치료 방법과 주의 사항은 복잡해서 일일이 기억하기가 어려웠다. 메모하며 꼼꼼히 챙겨도 몇 가지는 빠뜨렸다. 병원에서는 보호자가 선택하고 결정해야 하는 일들이 수시로 일어났다. 나는 체력이 고갈되었는지 틈만 나면 어디든 앉거나 누웠다. 밤낮으로 머리는 복잡하고 어지러웠다. 내가 이렇게 쓰러져 버리면 어떻게 될까? 남편은 좌절감과 우울감으로 날마다 기력이 떨어지는 것 같았다. 기운 없이 눕고 맥없이 잠만 자는 모습을 측은한 마음으로 바라보며 손을 잡아주면 살짝 신호를 보낸다. 그의 손은 부드럽고 따스했다. 나에게 마지막 무기가 남아있다면 그것은 의약품과 물질적인 것이 아니라 정신력과 영적인 힘이 아닐까? 하는 생각이 한순간 스치고 지나갔다.

  장기질환으로 시달렸던 제부를 6년이나 돌보았던 동생이 생각났다. 직접 경험한 터라 나를 생각해 음식을 택배로 보내준 걸 보니 가슴이 메어 눈물이 났다.

"동생아, 고맙다. 입맛이 없다며 먹기를 거부하던 형부는 네가 만든 반찬을 먹으며 입맛이 살아나는 것 같다고 맛있게 많이 드셨단다."

정성과 사랑을 듬뿍 담은 동생의 음식 솜씨는 세상에서 최고라고 칭찬하고 남편이 고마워하는 마음도 전해주었다.

"형부와 언니가 맛있다고 말해주니 좋아서 또 만들고 싶어. 먹고 싶은 것 있으면 언제든 말해요."

사람들은 위기가 닥칠수록 냉철해지는 것 같다. 나는 지난 한 달 사이에 벌어졌던 일들을 하나하나 살펴보았다. 치료 기간이 다른 사람들보다 길지 않았으니 그 또한 다행이지 싶었다. 남편으로 인해 들이닥친 긴장과 스트레스를 나의 체력으로는 감당할 수가 없었다. 의사가 큰 병원으로 옮겨 입원 치료할 것을 권했을 때는 걱정이 더욱 컸다. 이 같은 상황에서 우왕좌왕하던 보호자들의 이야기를 귀동냥으로 들었기 때문이다. 남편과 나는 의논할 시간을 달라고 했다.

우리는 추운 겨울에 조금 더 살겠다고 이 병원 저 병원으로 옮겨 다니며 치료받지 않기로 했다. 더 살고 싶은 욕심은 이미 내려놓았으니 죽어도 감사하고 더 산다면 영광으로 알겠다는 마음을 의사에게 밝혔다. 의사가 우리의 의견을 진지하게 듣고 우리 뜻을 존중해준 것이 고마웠다. 남편의 폐렴은 의사와 간호사들이 놀랄 정도로 4주를 넘기지 않고 말끔히 나았다. 위험한 고비를 넘긴 후 의사는 고령에 입원하지 않고 폐렴이 호전된 예는 드물다고 기뻐하며 축하해 주었다.

나는 지극한 정성과 최선을 다하는 젊은 의사의 사명감이 한 생명을 살렸다고 생각했다. 환자와 의사 그리고 보호자와 온 가족이 한 팀을 이루어 저마다 해야 할 일을 충실하게 해낸 결과였다. 마치 팀워크로 출전한 운동경기에서 승리한 기분이었다. 수고한 가족들은 같이 뛰고 응원해 준 선수들같이 기뻐하고 좋아했다. 가까운 이웃들은 말없이 지켜보는 응원단으로 조심스럽게 회복 과정을 간간이 물어왔다. 우리가 잘 아는 노인들이 코로나로 시작하여 폐렴으로 돌아가신 분들 소식은 어느 뉴스보다 빨리 전달되어 잘 알고 있었다. 남편은 후유증도 많이 완화되어 이웃들의 축하를 받으며 개선장군처럼 돌아와 한고비 넘긴 기적 같은 순간을 자랑삼아 이야기했다.

두렵고 무서워 심장이 조이는 찰나에 나의 차디찬 손을 녹여 주고 염려를 덜어 준 의사가 고마웠다. 또한 생명을 살리는 건 의술만이 아니었다. 더 귀한 것이 있다는 걸 알았다. 보호자보다 더 긴장하고 환자의 작은 변화에 기뻐하며 격려하는 의료진의 책임감과 생명에 대한 존중 그리고 가족의 헌신적인 사랑이었다. 그 귀한 마음은 물질로 바꾸어 계산할 수 없는 최고의 가치라는 것을 체득했다.

　외할머니는 자주 병치레하는 나에게 "크느라 아프다."라고 말씀하시며 내 곁을 지켜주곤 하셨다. 가족의 사랑은 때가 되면 놀라운 힘을 발휘한다. 극진한 사랑과 염려는 우리에게 존재가치를 높여주었으며 서로 믿고 의지하는 신뢰 관계는 더욱 깊어졌다.
　생명을 살리고 인간 수명을 연장하는 것은 돈으로 따질 수 없는 가장 아름답고 가치 있는 일이다. 인간의 생명은 존엄성을 갖고 있기 때문이다. 오래 사는 것보다 귀한 생명의 본질과 세상에서 가장 소중한 가치가 무엇인지 다시 한번 깊이 깨닫는다.

지옥에서 천국으로

지옥과 천국에 관해 잘 알지 못해도 누구나 천국에서 살고 싶다고 한다. 나는 천국과 지옥이 내 마음속에 함께 있다고 본다. 마음이 편안하고 즐겁고 행복하면 천국에 있는 것 같다고 말한다. 기대와 달리 정반대의 상황이 발생하고 억울하게 당하고 감당할 수 없는 일이 겹치면 "이것이 지옥이야!" 하며 혼자 중얼거린다. 젊은 시절에는 직장과 일상생활에서 복잡한 일과 대인관계에서 스트레스가 많아 하루 또는 며칠씩 지옥에서 헤매곤 했다. 적절한 대처 방법을 몰라 고민하고 마음고생도 했다. 지금은 가끔 지옥을 오가기도 하지만 그래도 예전과는 다르다.

남편은 나를 부르더니 갑자기 화를 내며 말했다.

"다른 사람은 모자 쓰고 식당에서 식사도 하는 데 왜 나한테 모자 쓰는 것까지 간섭해요? 나는 그런 자유도 없나요?"

나는 여기까지 남편이 화내는 이유를 가만히 듣고 있었다.

"여자가 다른 것도 아니고 남자에게 모자를 이것 써라 저건 쓰지 말라 하는 것은 아니잖아요."

그의 표정은 단호했고 나를 향한 도전적인 어투로 말하는 것을 보고 나는 내심 놀랐다.

"털이 달린 모자는 추운 겨울 외출용이기 때문에 식당에서 어울리는 것을 골라드렸는데 그것 때문에 지금 나한테 화를 내는 거예요?"

내 말이 끝나기도 전에 그의 언성은 감정을 담아 한 옥타브 올라갔다.

"집어치워요!"

그의 마음이 딴딴하게 굳어 버렸는지 내게 명령하듯 큰 소리쳤다. 순간 남편이 먼 타인처럼 느껴졌다. 나는 방문을 닫고 나와 버렸다. 예전 같으면 작은 방이 전쟁터로 변했을 것이다.

감정이 폭발할 것 같고 마음이 지옥으로 떨어질 때 내가 도망가는 공간이 있다. 화장실이다. 문을 닫으면 암실같이 캄캄하다. 거기서 나는 소리를 지르거나 큰 소리로 내가 하고 싶은 말을 한다. 나는 직장에서 억울한 일을 당하거나, 마음에 상처를 입었을 때, 분을 참을 수가 없어 주차장 구석에 차를 세운 후 소리를 마구 지르고 무릎을 주먹으로 세게 때렸던 적이 있다. 일일이 말로 형용할 수 없을 때는 목이 쉬도록 소리를 지르기도 했다.

궁금해하는 남편에게 목이 왜 쉬었는지 이야기했을 때 말없이 나를 끌어안고 등을 두드려준 적이 있었다. 남편과 다투고 나서도 억울함을 하소연하듯 화장실에서 큰 소리를 지른 적이 있었다.

"난 억울해!"

그 말을 들은 남편은 문밖에서 몇 번이고 내게 사과했다.

"여보 미안해. 그만하고 나와요."

말하고 싶은 걸 쏟아내고 나면 속이 후련해졌다.

언제부턴가 기운이 달려 소리도 작아지고 길게 말하기 전에 나를 뒤돌아보게 된다. 세월 덕에 마음이 익은 건지 이제는 마음의 안정도 찾고 많이 너그러워진 것 같다. 화장실 문을 열고 나오면 햇살은 눈이 부시고 하늘에는 한가롭게 날아가는 새들이 보인다.

남편에게도 측은지심이 생긴 것인지 웬만한 말에는 대꾸하거나 토를 달지 않는다. 그도 늙었다. 주름진 얼굴에서 열심히 살아온 긴 세월의 영상들이 겹쳐 지나갔다. 허리 협착 통증으로 고생하면서도 심히 내색하지 않고 노년을 성실하게 살아가는 것을 보면 안쓰럽기도 하다. 고령에도 남자의 자존심을 지키려는 그가 찬란한 저녁노을 같다.

오늘 내가 화를 참지 못한 것은 나의 인격을 무시하고 자존심을 상하게 했기 때문이었다. 화장실에서 숨을 가다듬고 소리 지르는 대신에 남편이 모자와 관련해 화낸 이유를 나는 곰곰이 생각해 보았다. 남편에게 모자는 권위와 자존감을 상징하는 것임을 깨달았다. 그런 의미를 존중해주지 못한 내게 짜증을 부린 것을 나 또한 참지 못하고 혈압까지 올렸던 나 자신을 돌아보았다. 예전보다 짧은 시간에 진정되었다. 화가 가라앉는 신호는 오장육부의 긴장이 풀리면서 장이 움직이고 오줌이 마려워졌다. 내 안의 지옥을 청소한 듯 시원했다.

내가 성차별적 말과 행동에 아주 예민하게 반응하는 데는 이유가 있다. 주로 남성들이 차지하고 있는 법정대학에서 유일한 여성으로서 남자들에게 왕따 당하며 공공연하게 불이익을 받았고 성희롱까지 당한 경험이 있기 때문이다. 여성이기에 억울함을 어떤 방법으로든 혼자 힘으로 감당해야 하는 상황이 너무나 가슴 아프고 속상했다. 괴로움 속에서 살아남기 위해 전문가의 상담을 받으며 터득한 생존법 덕분에 축하받으며 정년퇴직한 내가 대견하기만 하다.

나는 감정을 가다듬고 생각을 정리한 후 남편 방문을 똑똑 두드리고 들어갔다. 남편은 책상 옆을 서성이며 생각에 빠져 있다가 놀란 표정으로 바라보았다. "여보, 미안해요. 내가 그런 걸 가지고 화를 내서 미안해요."

진실한 마음으로 사과하는 남편 얼굴을 물끄러미 바라보며 나도 한마디 했다. "당신은 천국에서 살고 싶으세요? 아니면 지옥에서 살고 싶으세요?"

남편은 뜻밖의 내 질문을 받고 당황했는지 잠시 생각에 잠겨 있다가 이렇게 말했다.

"천국에서 살고 싶지."

우리는 천국에서도 살 수 있고 지옥에서도 살 수 있다. 마음 따라 천국과 지옥은 우리가 만들 수 있지 않을까? 남편에게 내가 생각하는 천국과 지옥에 관해 이야기했다. 문제가 발생하고 화나는 일이 생겨도 상대방을 배려하며 조용히 말하면 나는 고마워서 사과하거나 용서를 구할 수도 있다. 더 나아가 더욱 잘해줄 수 있고 관계는 더 좋아질 것이다. 그것이 천국이다. 갑자기 일방적으로 화를 내고 무서운 표정으로 말하면 나는 무시당한 것 같아 속이 상하고 화가 나서 싸우게 된다. 서로 냉전이 시작되면 지옥에 들어가는 것이다. 지옥에서 벗어나려면 다섯 배, 아니 열 배의 노력이 필요하다. 한 번 입은 상처는 오래 남는다. 남편은 내 말에 동의하며 잘 알겠다고 끄덕였다.

지금은 지옥을 벗어나 천국으로 돌아오는 방법을 좀 더 터득했고 시간도 짧아지고 있다. 서로 협력하여 천국을 만들자는 말에 남편은 어린애같이 손뼉 치며 좋아했다. 출산의 고통을 겪어야 새 생명이 태어나듯이 삶의 지혜도 고통의 산물인 것 같다.

파도 앞에 서다

조곤조곤한 의사의 말을 귀담아듣기는 했으나 무슨 내용인지 명확하게 파악하지 못했다. 내가 남편의 변화를 자세히 설명했더니 의사가 소견을 말해준 것이다. 어느 날 아침에 남편보다 늦게 일어나 그를 찾았지만 보이지 않았다. 급히 현관으로 뛰어나가려는데 그가 들어섰다. 외출복으로 갈아입고 나를 찾아 다른 건물과 연결된 통로까지 갔다가 돌아오는 길이라고 했다. 겁에 질려 떨리는 목소리였다. 요즘 남편은 날마다 저녁 시간과 아침 시간을 반대로 생각한다. 또한 일상생활이 관련된 일을 잊어버리는 속도가 점점 빨라지는 것으로 보인다. 가끔 꿈도 아닌 이야기를 하고 아무 장애물이 없는 훤한 공간에서도 쉽게 넘어지기도 했다.

의사는 집중해서 듣더니 앞으로 환자가 외부로 자유롭게

드나드는 집에서 사는 것은 위험하니 건물 안에서 살 수밖에 없을 것이라고 단정적으로 말했다. 환자가 밤이든 낮이든 혼자 집 밖으로 나가는 횟수가 늘어나면 위험한 일이 생길 수 있으니 주의해야 한다며 가족이 집에서 돌보는 일은 한계가 있다고 일러주었다. 증상을 의심하기는 했으나 의사의 진단을 받아들이기가 너무 두려워서 나는 무의식적으로 귀를 막듯 외면하고 간신히 숨을 내쉬었다. 당장은 사실로 인정하기 어렵고 시간이 걸릴 것 같았다. 내가 소설이나 영화 속에서 길을 찾지 못해 헤매는 주인공이 아닌가 싶었다.

남편은 나와 차분히 대화를 주고받을 땐 "알겠어, 미안해요. 다음에는 그런 일이 없도록 할게요."라는 순한 대답을 믿고 나는 그것에 위로받고 안심했었다. 의사는 자기가 한 말을 곧 잊어버리기 때문에 소용이 없다는 것이었다. 감정 없는 단정적인 의사의 말이 야속하게 들렸다. 당면한 현실을 피할 수도 없고 다른 대안이 없으니, 가슴이 답답했다. 의사의 말에 의하면 통계적으로 머리 좋고 교육 수준이 높고 전문직업을 가진 사람일수록 치매가 늦게 오면서 진행은 빠르다고 했다. 진찰실을 나온 남편은 불안하면 엄마 옆에 바싹 달라붙는 애처럼 내 손을 잡고 "좋다는 말이야? 나쁘다는 말이야?" 눈을 맞추며 물었다.

좀 더 도움이 되는 약이 없느냐는 질문에 의사는 살짝 입꼬리를 올리며 아직은 없다고 했다. 그런데 나는 그 표정조차 얄밉게 보였다. 미소를 띠지 않았으면 좋았을 것을……. 아니 그것도 아니다. 나는 절망 속에서 누군가를 원망하고 화를 내고 싶은 대상을 찾고 싶은 것이었는지도 모른다. 집으로 돌아오는 길은 내 발로 온 것이 아닌 악몽 속에서 헤맨 것 같았다. 한 가닥 희망조차 사라져 버린 내 마음을 어떻게 진정시킬 길이 없어 앞이 캄캄했다. 식당에서 점심을 먹는 둥 마는 둥 하는데 한의원 원장 부인이 우리에게 왔다. 길을 잃어버린 상황에서 아는 사람을 만나니 너무 반가웠다. 나는 원장을 만나면 어떤 다른 방안이 있을 것 같은 기대가 솟아났다.

오전에 남편의 상태가 급격하게 나빠질 것이라는 신경과 의사의 소견을 들은 후 내 마음은 매우 심란했다. 집으로 돌아와 의사의 설명을 듣던 순간을 다시 생각하고 또 생각했다. 남편은 의사가 말하는 것을 알아듣지 못해 궁금해했다. 나는 사실대로 말해줄 수밖에 없었다. 우리는 서로 한참 동안 말없이 창밖만 보았다. 다시 생각해도 충격이 너무 컸다. 우리에게 굴러오는 큰 바위가 내 옆으로 피해 지나가는 기적을 바랄 뿐 아무 생각이 없었다. 그대로 주저앉아 눈을 감고 마음을 가다듬는데 남편이 내 옆에 가까이 와서 앉았다. 눈을 뜨고 쳐다보니 오히려 나를 걱정하며 그윽한 눈으로 바라보고 있다. 나는 웃어주었다. 남편은 안심이 되는지 편하게 따라 웃었다. 이럴 때는 남편이 이야기를 듣는 순간 잊어버리는 것도 괜찮다는 생각이 들었다.

퇴근한 시 원장은 9시경에 부인과 함께 우리 집에 왔다. 거의 한 달 만에 만나는 원장은 남편에게 생년월일, 고향, 집 주소, 전화번호 등 기초적인 질문을 했지만, 그는 대부분 응답하지 못했다. 남편은 보청기를 끼었는데도 대화가 잘되지 않아 소통이 어려웠다. 원장은 맥을 짚어 보고 똑같은 질문을 다시 했다. 그래도 조금 생각하더니 모르겠다고 했다. 검진을 마친 후 의사는 기력을 회복하고 뇌를 맑게 하며 뇌 활동에 도움을 주는 한약을 몇 달 복용하면 도움이 되겠다고 했다. 밤에 현관문에 잠금장치는 하는 것이 좋겠다고 권했다. 지금 그런 제안을 어떻게 받아들일 수 있을까? 믿기지도 않고 목이 콱 막히고 조여드는 내 심정을 누가 알랴.

지난 연초부터 남편은 다리 힘이 약해졌는지 몇 번이나 넘어졌다. 며칠 조심하면서 회복되었고 한번은 무릎 연골에 금이 가서 정형외과 치료도 받았다. 우리는 40일간 한약을 먹고 기력이 살아나서 전체적인 증상이 완화된 경험이 있으므로 원장의 처방에 다시 희망을 걸었다. 하지만 현관문을 잠그는 장치는 도저히 할 수가 없어서 현관문 벨을 주문했지만 설치는 않고 그대로 갖고 있었다.

지난주에는 컨디션이 좋아서 외식하고 쇼핑도 한 것을 그가 기억하고 있었다.

"내가 이렇게 살아있는 것은 완전히 당신 덕분이야. 정말로 고마워."

이쯤 되면 빨간 신호가 꺼지고 파란 신호가 켜진 상태였다. 빨간 불은 잠깐이고 파란 불이 훨씬 더 긴 것이 내게는 커다란 위로가 되었다.

남편이 치매 진단을 받고 집중적으로 치료받기 시작한 지난 7개월 동안 기억의 상실이 증가하고 행동이 변화함에 따라 크고 작은 파도가 출렁이었다. 남편이 조금이라도 좋아지면 나도 함께 활력이 생기고 반대로 이상행동이 조금이라도 보이면 사기가 떨어져 벼랑 끝으로 내몰린 듯 불안하다. 그는 모든 걸 잊어버려도 나의 수고에 진정으로 고마워하고 미안해하며 사랑한다는 말은 잊지 않았다. 나는 그렇게 말해주는 남편이 고마워 새 힘을 얻곤 한다.

그는 요양보호사와 밖에서 걷고 들어올 때는 들꽃 한 송이 또는 나무 한 가지를 들고 와서 나에게 내민다. 아주 작은 기쁨이 어떠한 파도가 와도 맞설 수 있는 용기를 준다.

큰 일도 작은 일이다

요즘 남편은 무릎에 힘이 빠져 책상과 의자를 양손으로 짚고 서야 간신히 일어난다. 지난달 서재에서 낮잠을 자고 일어나다 넘어져서 무릎이 퉁퉁 부어올라 통증을 호소했다. 병원에서는 무릎뼈에 금이 가고 피가 고여 주사기로 130cc나 뽑고 약 처방을 해주었다. 한쪽 무릎을 사용할 수 없으니 앉고 일어서기가 쉽지 않았다. 그래서 내 종종걸음은 두 배 이상 늘어났다. 남편은 통증을 참으면서 점점 더 예민해지더니 작은 일까지도 도와주는 사람이 있으면 좋겠다며 불편함을 토로했다. 그가 기력이 소진된 나를 자꾸 불러대니 내 체력의 한계는 바닥으로 치달았다. 어쩌다 소파에서 잠깐 눈을 붙여보지만, 모깃소리에도 나를 부르는 줄 알고 달려갔다.

서로 힘이 드니 짜증이 나고 상대방에게 서운하기만 했다.

서로 기가 빠지고 기력이 딸려서 상대방을 배려하고 위로할 여력이 없었다. 둘 다 지쳐서 일단 휴전하고 냉수 한 잔 마시고 각기 생각에 잠겼다. 남편은 마음대로 움직이지 못하고 물 한 모금도 다른 사람의 도움을 받아야 하는 상황이 괴롭다고 하소연했다. 나에게 모든 것을 의존해서 생활하는 것은 말로 표현할 수 없이 괴롭고 자기 자신에게 짜증이 난다고 털어놓았다. 그렇게 솔직히 말해주는 남편이 고맙기도 하고 측은한 마음이 들기도 했다.

어려서부터 신동이라는 말을 들으며 자랐고 얼마 전까지도 기억력이 좋던 사람이 어느 날부턴가 기억이 잘 나지 않는다며 자꾸 되묻곤 했다. 합리적이고 정확하며 '왜'라는 질문을 입에 달고 살던 사람이었다. 기억 상실의 원인을 생각해 볼수록 미궁에 빠지니 스스로 화가 나겠지만 나는 그 마음 충분히 이해하며 그래도 잘 대처하고 있다고 격려해 주었다.

지난 5월 의사가 예고한 대로 그의 증상이 점점 나빠져 가고 있다는 게 내 눈으로도 느껴졌다. 며칠 전에 만나 오랜 시간 이야기를 나눴던 사람과 딸 이름까지도 까맣게 잊었다가 다시 생각해 내곤 했다. 지금은 앞 건물에 있는 의원과 편의점에 가는 길도 자신이 없다고 했다. 혼자 밖에 나가는 것을 예방하기 위해 밤에 현관문을 잠그는 장치는 차마 내 손으로 설치하지 못했다. 현관문 밖으로 나갈 때는 반드시 나와 함께 가야 한다고 여러 차례 다짐하고 확인까지 하지만 잠시 후면 다 잊어버리는 그가 늘 불안해 보였다.

한약을 한 달 이상 복용하고 있는 남편은 걸을 때면 다리에 힘이 생기는 것 같았다. 자신감이 생기면서 워커보다는 지팡이를 좀 더 사용하려고 했다. 말없이 보기만 하던 이웃들은 최근에 남편 혈색이 환해지고 허리도 꼿꼿이 펴고 걸으시니 건강이 아주 좋아진 것 같다고 했다. 우리는 그런 인사에도 금방 사기가 올라가고 희망에 부풀었다. 한의사를 찾아가 좋아지고 있는 상황을 설명했더니 경과가 궁금해서 기다리는 중이라며 반가워했다.

남편이 치매 진단을 받은 이후부터는 우리의 일상생활 전체를 흔들다가 아예 휘두르게 되었다. 처음에는 불안하고 막막해서 나만 고통을 당하고 있는 것처럼 마음고생이 심했다. 남편의 증상이 심각해지는 상태를 상상하면서 악몽 속으로 빠져들기도 했다. 치매가 당장 죽는 병은 아니라 다행이라고 나 자신을 강하게 붙잡았다. 치매에 걸려도 오래 사는 것이 더 나은지 묻는다면 사람들은 무엇이라고 답을 할까? 누가 죽음을 선택할 것인가. 나는 남편이 무조건 오래 살면 좋겠다. 배우자가 먼저 세상을 떠난 뒤 남겨진 외로움은 너무 견디기 힘들다는 이야기를 많이 들어서가 아니다. 남편의 존재가치가 어찌 외로움만의 일이겠는가.

어느 날 남편은 왜 자꾸 저녁을 아침으로 생각하는지 모르겠다고 안타까운 표정을 지었다. 지구가 자기 마음대로 돌아가는 것 같아 혼란스럽다며 빨리 한국으로 되돌아가고 싶어 했다.

"여기가 어딘데요?"

내가 묻자, 그는 진지하게 대답했다. 지금 사는 여기도 한국이지만 내 집이 아닌 것 같고 한국의 내 집에서는 건강하고 자유롭게 살 것 같다고 했다.

"그 한국에 있는 집이 어느 집이에요?"

그는 잠시 생각하더니 올림픽 아파트에 살았던 그 집 같다고 했다. 그때가 우리 가족에게는 평안하고 즐거웠던 일이 많은 시절로 남편은 기억하고 있고 나도 그렇게 생각했다.

나는 그에게 현재의 증상을 단순하게 이렇게 설명해 줬다. 오래된 기계가 고장 나듯이 사람의 기억력이 약간 고장이 나서 자꾸 잊어버린다고. 아침과 저녁을 바꾸어 생각하는 것도 치매 증상의 하나라고 말했다. 남편의 표정은 매우 심각해 보였다.

"아! 고장이 났구나. 근데 내가 왜 이렇게 되었지?"

먼 산을 보는 그의 얼굴 위로 생경스러운 쓸쓸함이 고여 있었다. 궁금했던 생각을 바꾸어 보려고 자신을 타이르는 것 같았다.

행복은 사랑하는 사람을 진심으로 돌보면서 그가 행복해하는 모습을 바라보는 순간이 아닐는지. 비록 신체는 약해지고 기억력은 줄어들어도 남아있는 기능으로 즐겁게 살 수 있다고 나는 믿는다. 남편은 기억을 되살리지 못해 비합리적으로 이야기하는 시간과 정상적으로 생활하는 시간을 조각조각으로 나누어 생각한다. 우리의 상황 전체가 우울하게만 보이겠지만 시간을 분석해 보면 잊어버리거나 상황에 맞지 않는 말을 하는 시간은 잠깐이다. 그 시간이 지나가기를 기다렸다가 즐겁고 행복한 시간을 누릴 수 있다는 기대도 해본다. 이젠 나도 남편의 엉뚱한 이야기에 웃고 넘어가는 여유가 생겼다. 사람들이 암과 치매를 지나치게 두려워하듯이 나 역시 실상보다는 선입견으로 인해 더 힘들었던 것 같다.

    남편과 나는 대화가 정상적으로 이루어질 때는 피하는 것 없이 솔직하게 이야기하고 의논한다. 요양보호사가 오지 않는 주말에는 근처 카페에도 가고 외식도 한다. 어제는 컨디션이 좋아져 집에서 입을 편한 옷을 사러 갔다. 남편은 차 안에서 기다리지 않고 같이 다니며 옷을 직접 골라서인지 기분이 좋았다. 집으로 돌아오는 길, 아름다운 야경을 보면서 데이트라도 한 듯이 마음이 가벼워졌다. 그런 날은 작은 일도 큰 기쁨이 되고 큰일도 작은 슬픔이 되어 마음을 순화시켜 준다. 하루는 또 그렇게 속절없이 저물고 우리는 아무 일 없이 잘 지낸 하루에 감사의 기도를 한다.

의사의 말 한마디

한번 만났는데도 생생하게 기억에 남는 의사가 한 명 있었는데 최근에 두 명이 늘었다. 어제는 안과병원에서 남편의 녹내장 정밀검사를 했다. 그는 10년 전부터 같은 병원에서 정기적으로 녹내장 검사받았고 안약을 처방받아 날마다 넣었다. 지난달 의사는 녹내장 상태가 진행되어 치료할 다른 방법이 없다고 말했다. 그리고 언젠가는 실명이 될 수도 있다고 했다. 남편은 충격받은 그 순간부터 사기가 떨어지고 우울해졌다. "나는 왼쪽 눈이 실명될 것이고 검은 안경을 쓸지도 몰라." 하는 농담이 아닌 그의 말에 나는 할 말을 잃고 그의 손을 잡은 채 마음을 진정시켰다.

최신기계를 사용하는 다른 병원에서 정밀검사를 받자고 했으나 남편은 소용없다고 거절했다. 그 의사의 말 한마디의 영향은 매우 컸다. 나보다는 딸이 더 설득력이 있어서 다른 병원에 예약했다. 병원에서 한 시간 이상 여러 종류의 정밀검사를 받았다. 표정이 밝은 담당 의사는 컴퓨터로 검사 결과 자료를 살펴본 이후에 관리를 잘해서 녹내장이 위험한 상태는 아니라고 분명하게 설명했다. 아니 이럴 수도 있다니.

남편은 실명 가능성 때문에 불안해했는데 괜찮은 것이냐는 나의 질문에 의사는 위험성은 전혀 없으며 50년 80년은 더 사용할 것이라고 자신 있게 말했다. 약은 양쪽 눈에 넣고 3개월마다 와서 검사받으라고 했다. 의사는 미심쩍어하는 남편에게 너무 걱정하지 마시고 안심하고 사셔도 된다고 하면서 남편 얼굴을 자세히 보더니 웃으며 "안심하고 사세요." 한다. 겁에 잔뜩 질려있던 남편은 "아이고 안심입니다. 너무 걱정했는데 고맙습니다." 하며 화색이 돌았다. 조심해서 가시라는 의사의 인사말에 남편의 얼굴은 활짝 핀 꽃처럼 환해졌다.

창가에서 밖을 내다보던 남편이 나를 불렀다. 그는 만일 정밀검사를 받지 않고 지냈다면 눈이 실명되는 줄 알고 우울하게 지냈을 것 같다고 한다. 그런데 위험하지 않은 것을 확인하니까 걱정이 사라지고 그렇게 감사할 수가 없다고 했다. 나는 진료실을 나오면서부터 그의 얼굴은 아주 환해졌다고 말해주었다. 이제는 눈을 크게 뜨는 연습만 하면 되겠고, 그동안 왼쪽 눈은 힘도 없이 작게 뜨고 다녔던 것도 지적해 주었다. 남편은 "이 정도면 될까?" 하면서 두 손가락으로 눈을 크게 벌렸다.

환자의 마음은 의사의 말에 따라 천당과 지옥을 왔다 갔다 한다. 10년이 넘도록 정기적으로 진료한 안과의사는 정확한 진단 없이 환자의 상태를 비관적이고 단정적으로 말했다. 다른 의사는 정밀검사 자료를 근거로 진단 결과를 설명해 주었다. 그렇게 정반대의 진단을 할 수가 있을까! 확신하는 의사의 태도에 환자는 새 생명을 얻은 듯 안심했다.

의과대학에서 배운 지식과 의술을 평생 사용하는 의사의 말을 의심하지 않고 믿어서 생기는 문제는 누구의 책임일까? 더 수준 높은 치료를 받으려면 환자와 가족은 병원과 의사를 잘 선택해야만 한다는 생각이 들었다. 날마다 쏟아져 나오는 새로운 정보와 의약품 그리고 의료 기계가 너무 많다. 하지만 환자에게 적합한 의료서비스를 선택하는 일은 전문가가 아니면 어려운 일이니 어찌하면 좋을까.

오래전 일이지만 환자를 안심시켜 주고 편안하게 치료해

주어 잊을 수 없는 의사가 있다. 정기 종합검진 결과 영상의학 전문의사는 내 위에 의심이 가는 부분이 있다며 큰 병원에서 정밀검사를 받으면 좋겠다고 했다. 검사 결과 초기 암이 의심되는 혹이 있어 암으로 발전할 가능성이 있다는 진단이었다. 의사 말을 듣는 순간 나는 피할 데 없는 낭떠러지 위에 서 있는 기분이었다. 반복되는 여러 가지 정밀검사 가운데 피하고 싶은 것은 위내시경 검사다. 그 검사는 아주 작은 카메라가 붙어있는 물체를 목구멍에서 위까지 집어넣어 위의 내부를 촬영하는데 놀랍기도 하지만 처음이라 긴장되고 무서웠다.

간호사보다 먼저 들어온 의사가 준비물을 챙기는 달그락 소리가 들렸다. 수술대 위에 누워있는 나는 관 속에 있는 장면을 생각했다. 의사는 밝은 목소리로 "위내시경 검사받으러 오셨지요?" 환자를 확인하고 무엇인가 준비하면서 단순한 멜로디를 작은 소리로 휘파람 불었다. 긴장 속에서 그 휘파람 소리는 내 마음을 편안하게 해주었다. 눈을 살짝 뜨고 보니 젊은 의사가 찬찬히 나의 의료기록을 보고 있었다. 나는 믿음이 가는 그 의사를 '휘파람 의사'라고 이름 붙였다.

휘파람 의사는 나를 보면서 "겁내지 마세요. 제가 아프지 않게 해드릴 수 있습니다. 제가 알려드리는 대로 하면 잠깐이면 됩니다." 설명을 듣는데 믿음이 더 생겼다. 의사는 간호사와 대화하기를 이 환자는 수면내시경 하지 않아도 잘할 것 같다고 했다. 그리고 의사는 나에게 "긴장하면 할수록 목이 아프고 내시경이 들어가기 힘들어요. 긴장을 풀고 기도하며 마음을 편안하게 하세요."라고 말했다.

나는 긴장을 최대로 풀고 입을 넓게 벌렸다. 아주 순조롭게 생각보다 짧은 시간에 내시경 검사를 마쳤다. 목은 약간 껄끄러웠으나 물을 마시고 나니 잠시 뒤에는 편해졌다. 의사는 어린 동생을 다독이듯이 나에게 잘했다고 칭찬해주었다. "담당 의사가 설명하겠지만 제가 보기에는 크게 염려하지 않아도 될 것 같습니다."라고 나를 안심시켰다. 그 말을 듣는 순간 나의 몸은 구름 위로 둥둥 떠 올랐다. 그리고 지옥으로 가는 길에서 빠져나온 기분이 들었다. 의사의 말 한마디가 나를 자유롭게 풀어주는 순간이었다. 말 한마디에 묶였다가 다시 말 한마디에 풀려난 마음이 풍선처럼 떠다녔다.

생각지 못한 위로

 기대하지 않았던 사람들이 주는 뜻밖의 위로는 더 큰 감동을 준다. 그에 힘입어 '각박한 세상이지만 살만하다.'라고 생각을 바꾼 적이 있다. 내가 종합병원에 며칠 입원하여 종합검진하고 수술할 계획이었을 때였다. 긴장되고 불안한 상태에서 의료진들의 말 한마디에 촉각을 세웠다. 환자는 인간으로 취급받는다는 생각보다는 감정이 없는 물체로 다루어진다는 느낌이었다.

 잠을 이룰 수 없는 조용한 밤에 느끼는 외로움과 두려움은 더욱 무서웠다. 병원에서 청소하는 사람과 간병인, 의료보조인, 식사 배식하는 직원들이 이동하는 소리만이 들렸다. 그들은 환자들의 동태를 한눈에 알아보고 배려와 위로 그리고 따뜻한 말을 하고 갔다. 짧은 말 한마디와 손길은 외로움과 불안감을 덜어주었다. 전혀 모르는 사람으로부터 예상하지 못했던 위로와 격려를 받는 것은 신선한 감동이었다. 기대했던 사람의 무관심에서 오는 서운함은 생각보다 깊은 상처가 되기도 하는데 말이다.

이어령 선생님은 서운했던 마음을 이렇게 털어놓았다. "내가 아파서 수술하고 죽을 날이 가까워질 때 위로가 될 것이라고 믿었던 사람은 연락하지 않았다. 나를 사랑하고 존경한다고 했던 사람들은 위로하지 않았다." 세상을 떠나가는 길목에서 얼마나 외롭고 믿었던 사람에 대한 배신감이 컸을지 상상할 수 있다. 이런 상황은 이어령 선생님만의 일이 아니라 누구나 경험하는 일이다.

실버타운에 사는 나에게는 그동안 추석 장을 볼 일이 없었다. 미국에서 직장 생활하는 손녀가 어렵게 추석에 맞추어 귀국하여 아들과 며느리가 손녀를 데리고 온다는 전화를 받았다. 반가운 마음에 무조건 오라고 했다. 알아보니 주변에 예약하고 싶은 식당은 명절에 문을 닫고 어쩌다 문을 여는 식당은 이미 예약이 꽉 차 있었다. 게다가 두 명 이상 가족이 실버타운에 들어오려면 별도의 승인이 필요했다. 코로나 PCR 검사

음성 확인서를 갖고서야 아파트에 들어올 수 있다는 허락을 받았다. 무슨 큰 자격증이라도 받은 듯이 반갑고 기뻐서 손뼉을 쳤다.

우리 부부는 흥분해서 자녀들이 좋아하는 보리굴비, 오이소박이와 호박전을 준비하기로 했다. 얼마 만에 추석 명절에 장을 보는 것인가. 나는 신이 나서 음식을 준비하고 남편은 용돈을 주어야 한다며 은행에 다녀왔다. 전쟁 중도 아닌데 가족 상봉이 왜 그리 반가운지 눈물이 날 지경이었다.

보리굴비와 오이소박이를 넉넉히 담아 상을 차렸더니 세 식구는 싹싹 그릇을 비우고 잘도 먹는다. 호박전도 부쳐 주기가 바쁘게 먹으니 내 손도 신이 나서 춤을 춘다. 손녀가 오이김치를 갖고 가고 싶다는 말이 하도 반가워 통째로 싸서 주었다. 우리는 서로 바닥이 났던 위로와 사랑을 넘치게 받아서 어떤 고통도 극복할 힘이 생긴 것 같았다. 그렇게 일상적이고 작은 일이라고 생각했던 것에서 큰 기쁨과 행복감에 젖을 줄이야.

인간은 외로운 존재로 태어나 가족의 위로와 보호를 받으며 성장하고 알게 모르게 상처를 주고받고 공감하고 위로함으로 치유한다. 우리에게 위로와 용기를 주는 것은 이루 설명할 수 없이 많다. 부부 상담전문가인 나는 우울하거나 마음이 심란하고 외로울 때는 집 밖으로 나가서 걸으라고 한다. 산책은 뜻밖의 힐링이 되기도 해서다. 산책을 좋아하는 나는 맑고 파란 하늘과 흘러가는 구름, 홀로 피었다가 사라지는 작은 들꽃, 내 앞을 맴도는 까치와 청설모를 보며 매미와 풀벌레 소리를 듣는 게 마음을 평안하게 한다. 이렇게 관심을 자연으로 돌리면 나도 모르는 사이에 심란했던 마음은 가라앉고 시원한 바람은 서운하고 쓸쓸했던 마음을 씻어주고 간다. 자연과 생물은 우리가 기대하지 않았던 위로와 힐링을 느끼게 해준다는 건 내 체험에서 나온 조언이다.

청각장애인은 사랑하는 엄마의 목소리를 한 번만 들을 수 있는 기적을 기도하고, 시각장애인은 애인의 얼굴을 잠시만이라도 볼 수 있다면 그것을 기적이라고 생각할 것이다. 날마다 아름다운 음악을 들을 수 있고 하늘의 구름을 볼 수 있다면 그것은 기적을 꿈꾸는 누군가에게는 놀라운 기쁨과 위로가 일어나는 것이다.

나의 실수와 잘못을 너그럽게 보고 스스로 용서하고, 조금이라도 잘한 일은 인정하고 칭찬하는 행동은 나 자신에게 큰 힘을 준다. 작은 상이라도 내가 나에게 준다면 다른 사람의 인정을 받으려고 매달릴 필요가 없다. 남편의 선물을 한 번도 받은 적이 없다고 하소연하는 여성에게 내가 받고 싶은 선물을 사서 자신에게 주라고 한다. 시장에서 호떡이 먹고 싶으면 내가 나에게 주는 상으로 생각하고 자랑스럽게 사서 먹어보고 기분이 어떤지 느껴보라고.

일상생활에서 만나는 뜻밖의 작은 것에서 성취감이나 큰 기쁨을 느끼고, 또는 기대하지 않았던 위로를 받기도 하지만, 다른 사람에게 위로와 격려도 한다. 나 자신의 고통과 수고에 대해 내가 나를 인정하고 위로하고 격려한다면 예상하지 못한 상이라도 탄 듯이 큰 자신감과 용기가 생긴다. 그것 또한 기적이다.

chapter 4

나는 여왕이로소이다

이바노프의 사랑

일요일에만 운영하는 한글학교에 외국 근로자가 찾아와서 사람을 찾는 일을 도와달라고 서툰 한국말로 호소했다.

그는 러시아에서 태어나 고등학교까지 다녔고 아버지는 한국인이고 어머니는 러시아인으로 이름은 이바노프다. 어머니는 그가 다섯 살에 돌아가셨고 열두 살에 아버지도 돌아가셨다. 할머니는 손자에게 여러 번 이런 말을 했다고 한다.

"할아버지와 아버지는 한국에 가고 싶어도 못 갔다. 너는 어떻게 해서든 한국에 가서 살아라."

그는 한국에 가는 꿈이 있었기에 3년이 넘도록 외항선에서 고된 일을 할 수 있었고 우여곡절 끝에 한국에 왔다.

한국에서는 외국인 근로자로 4년 정도 가구공장에서 일했으며 한국 여자친구를 만났다. 연상의 여자친구는 누나같이 편하고 따뜻하게 잘해주었고 여자친구 집에서 1년 전부터 같이 살았다. 그들은 어려서 부모가 돌아가시고 할머니와 외롭게 살아온 성장배경이 비슷해서 더욱 가깝게 지냈다. 이바노프가 한국 생활에 적응하기 어려울 때 그녀는 한국말의 안내자가 되었을 뿐 아니라 경제생활에도 많은 도움을 주었다. 믿고 의지해 저금통장까지 여자친구 이름으로 만들었는데 어느 날 갑자기 그녀가 저금통장과 도장을 갖고 나가서는 돌아오지 않았다. 그녀의 이름과 나이만 알고는 찾을 길이 없었다. 한글학교에 찾아온 것은 그녀가 이바노프와 함께 방문한 적이 있었기 때문이다.

이바노프의 첫인상은 키는 작은 편이나 어깨가 넓고 러시아 피가 섞인 얼굴로 이목구비가 분명했다. 말은 별로 없지만 이해력과 눈치가 빨라 보였다. 어린애가 아버지 옷을 입은 듯 큰 가죽 잠바에 옷소매를 접어 입은 모습이 인상적이다. 할머니에게 배운 한국말의 발음과 억양은 어색하지만 이야기하는 내용은 분명했다. 여자친구가 아무 말도 없이 통장을 갖고 집을 나갔는데도 의심하지 않을 만큼 순진했다. 목숨 걸고 한국에 와서 번 돈을 여자친구가 몽땅 갖고 나갔다면 사람들은 사기당했다고 생각하거나 도둑을 맞은 듯 억울해하고 한탄할 만한 일이다. 하지만 그런 절망적인 상황에서도 이바노프는 그녀에게도 어쩔 수 없는 사정이 있었을 것이라고 말했다.

그녀는 같이 살던 할머니가 돌아가신 후에 보육원에서 성장했고 고등학교 졸업 후 독립했다고 한다. 몇 년 후에 미혼모로 아들을 낳았으나 경제생활 때문에 보육원에 맡겨 양육하고 있다고 했다. 이바노프가 반복해서 하는 말은 그녀는 자기에게 사기를 치거나 돈을 갖고 도망갈 사람이 아니라는 것이었다. 둘은 열심히 일하고 절약하며 최소한의 돈으로 살아왔고, 각자 월급의 대부분을 저축해왔다고 했다. 두 사람은 협력해서 보금자리를 마련할 계획으로 보였다.

그는 힘든 상황에서도 공장일에는 책임을 게을리하지 않았으며 일요일에는 한글학교에 와서 공부하며 지냈다고 근황을 이야기했다. 그가 그녀를 포기하지 않는 이유는 진실했던 마음을 의심하고 싶지 않기 때문이다. 이바노프는 더운 날씨에도 가죽 잠바를 입고 머리는 길게 자라 엉클어졌다. 작은 얼굴에 혈색이 좋지 않아 무슨 병이 있어 보였다. 의료봉사팀의 진단은 특별한 병은 없고 영양실조가 심하다며 영양제와 종합 비타민을 주었다. 그는 어려서부터 중노동을 많이 해서 허리와 어깨가 아프다고 호소했다. 한의사는 그가 올 때마다 침을 놓아주었다.

주일마다 이바노프가 한글학교에 오면 다른 근로자들과 함께 잘 어울리지 않아도 진료받고 공부하고 저녁 식사를 하고는 서둘러 갔다. 공장 사장은 이바노프가 부지런하고 허드렛일도 마다하지 않고 알아서 하며, 의리가 많고 책임감도 강해서 직원들 가운데 가장 믿고 의지한다고 했다. 여자친구 역시 좋게 보아왔는데 무슨 일인지 모르겠다며 언젠가 돌아올 것이라고 기대했다.

몇 달이 지나 이바노프는 건강이 회복되고 공장 사장님과 봉사팀의 지지와 격려로 그에게 활기가 살아나기 시작했다. 여름과 가을이 지나면서 젊음을 되찾아가는 듯 건강한 청년으로 회복되었다. 여자친구에 대한 그의 믿음은 여전히 변하지 않았고 다시 돌아올 때를 대비해 방을 깨끗하게 정리한다고 했다. 한글 공부도 열심히 하여 '한글 능력시험'을 치겠다는 목표를 세웠다.

겨울이 지나고 이바노프는 한글 능력시험 초급에 합격했고, 중급에 도전하기로 했다. 공장에서 진급하고 월급도 올랐다고 희소식을 전했다. 여자친구가 돌아올 때 만일 자기가 다른 집으로 이사 가고 없으면 갈 곳이 없을 것이라고 늘 걱정했는데 안타까운 것은 그녀의 아들과도 연락할 길이 없는 것이었다.

어느 날 이바노프에게서 전화가 왔다. 떨리는 목소리로 여자친구가 돌아왔다는 소식을 전하고 즉시 달려왔다. 그녀가 집을 나가던 날 아들이 교통사고를 당해 응급실에서 혼수상태로 있다는 연락을 받았다고 했다. 다른 생각을 할 틈도 없이 그녀는 통장만 챙겨 들고 병원으로 달려갔고 아들은 이틀이 지나 의식이 돌아왔으나 몇 번의 수술을 더 하고 난 뒤 장기간의 재활치료를 받아야만 했다. 아들을 돌보다 보니 몇 달이 정신없이 지나갔고 돈도 거의 다 썼고 게다가 자신의 죄가 너무 크고 무서워서 돌아올 엄두를 내지 못했다고 한다.

그녀는 큰 죄를 지었음에도 자기를 믿어주고 1년 이상 기다려준 이바노프에게 말로 표현할 수 없이 고마워했고, 그런 진정한 사랑은 태어나서 처음 받아본다고 고백했다. 그녀는 절박한 상황에서 아무리 생각해도 믿고 의지할 사람은 이바노프뿐이고 집으로 돌아가면 내치지는 않을 것이라 믿었다고 했다. 이바노프 역시 여자친구가 돌아오리라는 확신은 흔들린 적이 없었으며 이제 아빠가 되어 너무 기쁘다고 했다.

    이바노프는 할머니가 어떻게 해서든 한국에 가서 살라고 하신 말씀이 무엇을 말하는 것인지 살아가면서 계속 생각할 것 같았다. 진실한 사랑이 있는 곳, 그곳은 언제고 머물고 싶은 마음의 고향이 되리라 나는 생각했다. 그의 깊은 사랑이 그들에게 따뜻한 고향을 만들어 갈 것이라고.

폐업합니다

주말 아침 공원 둘레길을 걷고 집으로 가는 길목에선 막 구운 빵 내음이 발길을 붙잡는다. 하얀 모자를 쓰고 흰 유니폼을 입은 빵집 부부는 갓 구운 빵과 커피 한잔을 권하며 친절하게 인사했다. 카운터 뒤에 걸린 프랑스 제빵 자격증과 제빵사 유니폼을 입고 나란히 서 있는 부부의 사진에서 유학파임을 알 수 있다. 그들은 40대에 프랑스에 유학 가서 제빵을 공부했단다. 귀국 후 주택가에서 빵집을 성공적으로 키워 아파트 동네로 진출했다. 친절한 곽씨 부부 덕분에 나는 프랑스 빵의 종류와 맛에 관심이 생겼다.

'곽이 빵집'에는 식빵류로 우유식빵, 옥수수식빵, 건포도식빵 그리고 보리 식빵이 있다. 그들은 바게트에 대한 자부심이 대단했다. 일반적인 식빵류는 밀가루, 이스트, 설탕, 버터와 우유 등을 넣고 식빵 팬을 이용한다. 바게트는 밀가루, 이스트, 소금 그리고 물만으로 만드는데 껍질은 딱딱하고 속은 부드러운 것이 특징이다. 철판 없이 직접 오븐에 굽는데 부드러운 속살을 뜯어 입에 넣고 있으면 사르르 녹아 목으로 넘어가는 맛이 별미다. 껍질은 단맛이 없고 가마솥 누룽지처럼 구수하다.

곽 선생 부부는 프랑스와 독일의 명절과 연말에 먹는 걀레뜨와 슈톨렌의 재료 그리고 빵 맛과 문화에 관해 많은 이야기를 들려주었다. 걀레뜨는 레몬 향이 나는 상큼하고 달달한 파이다. 프랑스 사람들은 설날에 걀레트를 만들어 디저트로 먹는다고 한다. 걀레뜨는 내가 좋아하는 레몬파이와 비슷한데 파삭파삭하고 향기로우며 부드러워 자주 즐긴다.

10월이면 단골손님들에게 슈톨렌 케이크 주문을 받는데 한 달 뒤인 11월에야 주문한 케이크를 받게 된다. 재료를 직접 준비하는 기간이 길어서라고 한다. 일반적인 빵 재료 외에 계핏가루, 넛맥, 오렌지와 레몬 껍질 말린 것, 건포도, 아몬드 슬라이스, 화이트와인 등이다. 슈톨렌은 저장성이 높은 빵으로 과자 같기도 하다. 장기간 보존하기 위해 말린 과일도 럼주에

1개월에서 1년 정도 담가 두었다가 쓴다고 한다. 보통 2~3개월 정도 두고 먹을 수 있다고 하는데 나는 한 달도 되기 전에 다 먹어 치운다.

슈톨렌은 독일 성탄절 기간에 가장 많이 팔리는 빵인데 빨강과 초록색의 리본으로 예쁘게 포장해 크리스마스 선물로 인기가 높다. 나는 회의나 모임 또는 선물할 일이 있으면 곽 선생과 미리 의논한다. 그들은 내가 만나는 모임에 적절한 빵을 정성스럽게 준비해 준다. 당연히 그 회의는 부드럽게 진행되고 모임의 즐거움은 배가되곤 했다. '곽이 빵집' 덕분에 빵에 관해 일가견이 생기고 가끔 많은 것을 아는 척하기도 한다.

언제부터인가 빵집에 인턴이 10명도 넘게 늘어났다. '곽이 빵집' 부부는 제빵 기능사 자격증과 교사자격증을 갖고 있다. 내친김에 상가 지하 창고를 빌려 시설을 갖춰 교육과정을 시작했다. 부부는 각자의 고향에서 어려운 청년들을 데려다가 가르쳐 자격증을 취득하게 했다. 그들 부부가 생활을 돌보는 식구가 24명이나 된다는 말을 듣는 순간 너무 놀라 나도 모르게 입이 떡 벌어졌다. 빵집 운영으로는 살림이 어려운 양가 부모 형제를 도울 길이 없어 궁리 끝에 제빵 공장 경영 방안을 찾은 것이라 했다.

얼마 후 곽 선생은 박사과정을 시작한다고 하더니 8년이 지나 드디어 학위를 받았다. 하루는 TV프로에 부부 인터뷰가 있으니 보라고 했다. 사회자는 그를 제과제빵학과 교수라고 소개했다. 우리는 '인간 승리'라고 손뼉을 치며 축하했다.

요즘엔 인턴들이 주로 '곽이 빵집'을 지키는데 왠지 엄마 없는 집같이 썰렁하다. 빵과 커피 향은 비슷한데 왠지 푸근한 느낌이 없다. 어쩌다 곽 선생을 만나면 출강과 외부 일로 바쁘다고 하는데, 예전에 보던 활력과 웃음기는 사라지고 초점을 잃은 듯 피곤해 보인다. 이 선생이 종합병원에 검진받으러 다니느라 빵집을 자주 비운다는 소문이 돌았다. 우리 부부는 빵을 사러 갈 때마다 걱정이 되어 눈치를 살피며 둘러보곤 했다.

'곽이 빵집' 부부는 평생 빵 만드는 육체노동을 많이 해서 그런지 몸 여기저기 아프지 않은 데가 없다고 토로했다. 무거운 짐을 하도 많이 들어 허리에는 항상 재활치료용 허리밴드를 두르고, 손목에는 밴드를 감고, 몸 여기저기 파스를 붙이며 산다고 털어놓았다. 부부가 늦은 시간에 식사하는 모습을 가끔 보는데 그때마다 된장찌개, 김치, 장아찌, 풋고추 등이 전부고 육류는 별로 없었다. 배달 음식도 지출을 줄이려고 잘 먹지 않는다는 말에 측은한 마음이 들었다. 나는 가끔 미역국과 장조림을 만들어 직원에게 전달하곤 했는데 그 부부가 너무 감격스러워하는 바람에 되레 민망해 어디론가 숨고 싶었다.

몇 달이 지난 어느 날 빵집 문에 붙어있는 '폐업 안내문'을 보고 나는 '드디어 올 것이 왔구나.' 싶어 가슴이 철렁했다. 며칠 만에 출근한 이 선생은 내가 묻기도 전에 이제 쉬면서 건강도 챙기고 여생도 즐기려고 은퇴하기로 했다며 씁쓸한 미소를 지어 보였다. 우리 부부는 말을 잇지 못하고 빵만 무심히 돌아보았다. 평생 반죽 일을 하도 많이 해서 이 선생의 손마디는 굵고 거친 게, 마치 할머니 손 같았다. 머리는 반백이고 눈가에 주름살은 깊고 기미도 가득했다. 하지만 조용히 웃는 그 얼굴은 모든 것을 성취한 사람같이 평안하고 아름다워 보였다.

지난 10년 가까운 세월 나는 그들과 더불어 즐거웠고 덕분에 내 삶도 풍성했다. 그들이 지닌 따뜻한 마음과 사랑의 열정이 보람의 열매로, 위로의 보답으로 함께하길 진심으로 바란다.

요술 단지

이사를 준비하는데 흰 항아리가 나왔다. 오랫동안 잊고 있었던 그것은 백자도 아니고 도예가의 작품도 아니다. 인사동 거리를 지나다 보면 흔하게 볼 수 있는 항아리다. 희안 바탕에 파란 모란꽃이 그려진 것인데 어디서 살다 팔려 왔는지 알 수 없지만 골동품 가게에 진열되어 있는 그런 것이다.

항아리는 오랜 세월 그렇게 우리 가족과 동고동락하며 숨겨진 가족사의 이야기까지 가득 품고 있다. 나는 항아리에 쌓인 먼지를 조심스레 털고 닦은 후 두 팔로 안고 고개를 숙여 가슴으로 꼭 끌어안았다. 순간 내 품에 쏙 들어온 항아리가 푸근하고 부드럽게 느껴졌다. 항아리를 안고 있으려니 외할머니의 무명 행주치마 냄새가 풍겨오고 숱한 추억이 떠올랐다.

우리 집 부엌 선반에는 항아리 다섯 개가 나란히 놓여있었는데 외할머니는 그 속에 설탕과 밀가루, 눈깔사탕, 용돈, 영수증 등을 넣어 두었다. 그 항아리들은 외할머니의 저장용 금고였다. 어머니는 무남독녀 외동딸인데 아버지가 장모님을 친부모님처럼 극진히 모셨다. 외할머니는 돌아가실 때까지 우리를 키우시며 집안의 모든 일을 돌보아 주셨다.

오래전 친정어머니가 미국에 이민 가면서 외할머니의 항아리를 나와 두 여동생에게 하나씩 물려주었다. 해방 직후 황해도 해주시에서 서울로 이주하면서 고이고이 가지고 오신 것이었다. 한국전쟁 때 부산 피난살이를 겪으며 그 많던 살림살이가 거의 다 없어졌는데 어떻게 항아리들만 무사히 남아있었는지 신기하기만 했다. 항아리 몇 개는 부엌 선반 중앙에 자리를 잡고 집안 역사의 증인이 되었다. 동생들이 찡얼대면 외할머니는 항아리에서 눈깔사탕을 집어주셨고 명절 때면 세뱃돈을 꺼내주셨다. 돈을 달라고 조르면 언제나 거절하지 않고 항아리 속에서 몇 푼의 돈을 꺼내 손에 쥐여 주셨다.

결혼 후 내가 아들을 낳아 외할머니에게 외증손자가 생겼다. 외할머니는 노상 내가 커서 결혼하는 것을 보면 소원이 없겠다고 하셨다. 마침내 소원을 이루셨는데 이제 증손자가 학교 가는 것을 보고 싶다며 삶의 의미를 바꾸셨다. 내가 아들을 데리고 친정에 가면 외할머니는 증손자가 너무 귀하고 예뻐서 어찌할 바를 몰라 부엌을 들락날락하셨다. 가족들은 할머니의 항아리에서 무엇이 나올 것인지를 훤하게 아니까 웃으며 기다렸다. 돌쟁이 증손자도 항아리의 정체를 알고 증조할머니의 손을 잡고 손가락으로 항아리를 가리켰다. 예상대로 외할머니는 사탕을 꺼내주고 또 주고 용돈까지 꺼내주셨다.

그 항아리는 그렇게 오랫동안 아무리 꺼내주어도 비워지지 않는 '요술 단지'로 위력을 발휘했다. 어린 동생들은 외할머니가 꺼내주시는 사탕만 보면 울다가도 뚝 그치고 심통 나서 떼쓰다가도 멈추고, 열이 오르고 아프다고 하다가도 곧바로 멀쩡히 나았다. 요술 방망이 같다고나 할까. 직접 본 적은 없지만 아버지께서 아무도 모르게 항상 '요술 단지'를 채워 놓으신 것을 나중에야 알았다. '요술 단지'는 할머니의 사랑뿐 아니라 아버지의 할머니에 대한 사랑과 은혜로 늘 가득 흘러넘쳤다. 그 사랑의 물줄기로 우리가 자라고 내 아이들이 자랐다.

오랜 세월이 지나 내 나이 80에 나는 새로운 출발을 위해

원대한 계획을 세웠다. 이제 쌓인 짐을 정리하고 작은 집으로 이사를 하려고 한다. 항아리와 마지막으로 이별할 때가 온 것이다. 우선 글 쓰는 데 필요한 컴퓨터와 프린터는 새것으로 바꾸고 자료를 펼쳐놓을 공간을 1순위로 확보했다. 살림과 옷가지는 최소한으로 줄이고 나머지는 처분했다. 내가 쓰는 공간은 가능한 한 단순하고 기능적으로 배치하기로 했다.

딸은 중학교 때 지속해서 왕따를 당하면서 큰 상처를 입었다. 심리치료를 받기도 했으나 고통으로 몸부림치다 가출을 반복하며 방황했다. 딸의 고통과 방황은 우리 가족 모두를 아프게 했고 무척 길게도 느껴졌다. 차츰 마음을 가다듬어 고교는 검정고시로 마치고 수능시험을 거쳐 대학에 진학하여 무사히 졸업했다. 몇 개의 자격증도 취득했고 취업도 했다. 지금은 식장에서 전공을 살려 일하며 중견직 간부로 맡은바 업무를 잘 감당하고 있다. 나는 우리 앞에서 큰소리치는 당당한 딸의 모습이 대견하기만 하다. 우리가 그토록 바라던 꿈이 기적같이 현실로 이루어지다니. 때론 내가 꿈속에 있는 것만 같다.

남편과 나 그리고 딸은 좌절하고 쓰러지고 넘어지기를 몇 번이나 했는지 모른다. 그 당시 참을 수 없이 힘들면 미국에 계신 어머니에게 전화로 하소연하곤 했다. 그럴 때마다 어머니는 조용히 나를 달랬다.

"너무 애 끓이지 마라. 언젠가는 그 딸이 너에게 위로되는 날이 올 거다."

그 말씀은 내게 끝까지 버티는 힘과 희망을 주었다. 어머니 말씀은 '요술 단지' 속의 달콤한 사탕처럼 내 고통을 부드럽게 어루만져 주었다.

대를 이어 전수되는 우리 '가족의 사랑'은 땅속 깊이 흐르며 마르지 않는 이스라엘의 강과 같다는 생각이 든다. 사막의 이스라엘 사람들이 거리에 나무를 심고 정원을 가꾸며 살고 있음은 멀리서 물을 끌어와 '땅속으로 흐르는 강'을 만들었기 때문이라고 한다. 죽을 만큼 힘들었던 일도 무한한 사랑으로 극복했던 가족들과 '요술 단지'를 생각하면 나는 늘 강물처럼 유장하고 넉넉해진다. 하얀 항아리에서 흘러나와 보이지 않는 땅속 깊이 흐르는 강물처럼.

쫄지 마!

게임을 할 때나 운동경기장에서 '쫄지 마!' 외치는 소리를 가끔 듣는다. 경험이 부족하고 자신감이 약한 선수에게 겁내지 말고 힘내서 하라고 용기를 북돋아 주는 격려의 메시지다.

자신감과 용기는 주로 어린 시절 부모와 가족과의 관계에서 만들어진다고 본다. 어린 아기가 혼자 일어서고 걷기 시작할 때 부모가 손뼉 치며 환호하고 칭찬한다면 그 아기는 용기를 내어 더욱 열심히 걷고 드디어 걷고 뛰기에 성공한다. 만일 그렇게 손뼉 치며 함께 기뻐하는 부모나 가족이 없거나, 부모가 있어도 관심과 사랑을 받지 못하고 가정폭력을 받았다면 성인이 된 그 사람은 어떤 용기로 살아갈까.

나는 교수로서 가정폭력 피해 여성 보호시설인 쉼터 소장

일을 몇 년간 봉사하면서 '가정폭력 피해 여성'의 심리적 상처와 치유에 관해 상담했다. 입소자들을 대상으로 집단상담을 하면서 공통점을 발견했다. 장기간 언어적이고 신체적인 폭력을 받으며 자존감과 자신감 그리고 사회성은 가정폭력을 당하기 이전보다 줄어들고 반면 열등감과 우울감은 심해졌다. 그들은 억울하게 폭력을 당해도 누구에게 말하지 못하고 주눅이 들어 눈치만 보면서 살았던 것으로 생각되었다. 언어적 폭력은 욕을 심하게 하고 저주하고 인격적으로 무시하는 말을 포함한다. 가정폭력의 상처는 복합적이고 깊어서 치유가 오래 걸리고 때로는 정신 치료를 병행하기도 한다.

오래된 사례로 20대 여성이 생후 6개월의 아기를 데리고 경찰서에 피신하여 도움을 요청했다. 결혼 전 친정아버지의 주사가 심하고 어머니에 대한 신체적 폭력이 심하다고 했다. 아기엄마는 고교를 졸업하고 집에서 도망치듯이 나와 직장생활을 했고, 같은 직장 동료와 결혼했다. 남편은 내성적이고 조용하며, 직장에서는 다른 사람들에게 친절하고 순응적인데 술만 마시면 욕을 하고 살림을 깨부수는 폭력적 행동을 보여 충격을 받았다고 했다. 가정폭력자들은 수박같이 겉과 속이 달라서 함께 살기 전에는 그 속성을 알 수 없다.

아기엄마는 폭력적이었던 친정아버지 때문에 신체적 폭력은 생각만 해도 온몸에 소름이 돋고 긴장된다고 했다. 결혼 후 남편의 언어적 폭력은 너무나 끔찍해 마음의 상처가 클 수밖에 없었다. 의처증도 있고 생활비도 제대로 주지 않아 너무 힘들었다고 하는데, 친정어머니가 폭행당하며 살던 생각이 겹쳐 자신은 참고 살지 않으려고 아기를 데리고 빈손으로 도망쳐 나왔다고 했다. 쉼터에 머무는 동안 그곳 어머니들은 아기와 젊은 엄마를 가엽게 여겨 동생처럼 돌보며 위로했다. 아기엄마는 자기보다 더 심하게 오랫동안 가정폭력을 당하고 살아온 피해자들의 경험담을 듣게 되었고, 쉼터에서의 생활과 제반 복지서비스에 관해서도 알게 되었다.

집단상담 초기에 참여자들은 대부분 내세울 만한 장점이 없고 모두가 자신을 무시하는 것 같아 위축되어 있었다. 폭력을 당했던 그 당시의 심리적 상태에 관한 이야기는 제대로 설명하지 못하고 울기만 한다. 처음에는 내면에 쌓여있는 분노와 한이 맺혀 있는 상태라 상담자와 다른 사람들에게 상황을 설명하기가 쉽지 않다. 하지만 생명의 위협을 느꼈던 절박한 상황을 말하고 큰 상처를 받은 사건에 관해 마음껏 털어놓고 이야기하는 것이 곧 치유가 되는 길이다. 전문가의 적절한 반응과 설명을 듣고 경험이 비슷한 사람들의 공감과 위로를 받는 것이 무엇보다 중요하다. 억압된 감정이 쌓여있을수록 말로 표현하는 훈련은 상처를 치유하는 데 필요하고 앞으로 원만한 대인관계와 사회생활을 위한 생활 기술이 된다.

교육과 상담을 받는 과정에서 자신의 변화와 성장에 관해 이야기하며 동료들의 인정과 칭찬을 받는다. 그들은 자신의 변화를 확인하면서도 믿지 못하는 양가감정이 있다. 그리고 퇴소하면 다시 예전으로 되돌아갈 것만 같아 불안하다고 한다.

쉼터에서는 입소 당시에 사진을 찍고 상담과 치유 과정을 마치고 변화를 확인한 후 사진을 다시 찍어 보여준다. 마사지하고 화장한 것도 아닌데 얼굴이 환하게 달라져 믿기 어려울 정도다. 그들에게는 예뻐진 자신의 사진이 어색하고 낯설다. 그들은 '쫄지마! 아주 잘하고 있어! 그렇게 하면 돼. 새로워진 모습이 당신 본래의 모습이야. 앞으로 얼마든지 그렇게 살 수 있어요!' 하는 응원과 격려에 눈물을 흘린다.

내가 쉼터에 상담하러 가면 그들은 나에게 식사하고 가라고 붙잡는다. 그들은 밀가루와 식용유 그리고 몇 종류의 채소를 주면 맛깔스러운 겉절이와 깍두기, 각종 부침개 그리고 간

식거리를 만들어 풍성한 밥상을 차린다. 그야말로 어머니가 정성스럽게 만든 가정식 백반이다. 그들의 능숙한 반찬 솜씨와 깊은 맛에 대해 나는 진심으로 아낌없는 칭찬과 격려를 한다. 조리사 자격증을 갖고 식당이나 반찬가게에 취직하면 좋을 것 같다는 제안도 함께.

집단상담 과정을 마치고 몇 명은 요리학원에서 교육과정을 이수했다. 지역사회 후원자들이 모금한 장학금으로 학비와 실습 자료비를 지원했다. 그들은 시험에 합격하고 한식 요리사 자격증을 받은 날 그 기쁨을 주체하지 못해 서로 끌어안고 껑충껑충 뛰다가 울다가 한다. 자격증은 자신의 변신을 확인하는 인증서였다. 그들은 식당에 취직하여 축하 파티도 하고 아기 돌잔치도 했다. 같이 생활하는 입소자들은 아기엄마가 요리사 자격증을 따기까지 아기를 돌보며 후원자 역할도 한다. 그들에게 큰 위로와 격려가 되는 것은 어려운 처지에 있는 사람끼리 서로 이해하고 불쌍히 여기는 마음이다.

새롭게 무장하고 출발하는 그들에게 나도 끊임없이 응원한다. '쫄지 말고 사세요!' 그들에게도 매일 해는 뜨고 봄은 어김없이 온다.

이유가 있는 반란

눈치가 빠른 사람은 상대방의 안색을 살피고 몇 마디의 말을 들으면 그 사람이 원하는 것을 즉시 파악한다. 그들은 다른 사람들의 감정을 잘 이해하고 적절하게 대응하는데 전체적인 차림새와 말하는 인상만 보아도 짐작하는 것이 크게 틀리지 않는다. 그것은 훈련과 경험을 통해 익숙해지는 것도 있고 가족관계에서 성장하면서 터득하는 것도 있다. 시집살이 경험이 있는 사람들은 어른들을 눈치 빠르고 신속하게 챙긴다.

우리는 의식적으로 행동하는 것도 있지만 무의식적인 행동을 더 많이 한다. 무의식적인 행동에도 목적이 있고 의미가 있다. 사람들은 말이 아닌 눈짓과 표정, 손짓과 몸짓, 소리의 높고 낮음, 글, 음악과 그림 그리고 노래와 춤 등 다양한 행동으로 생각과 감정을 표현한다. 엄마와 아기와의 관계는 몇 마디의 단어와 표정으로도 기쁨의 소통이 충분하다. 연인에게는 눈빛보다 더 강한 메시지가 없을 것이다. 상황과 관계에 따라 사용하는 단어, 표정, 암호, 도구 사용에도 그들만의 비밀이 있다. 감정과 생각을 표현하는 모든 방법을 행동으로 보고, 대부분의 행동에는 목적과 이유가 있기 마련이다.

가정폭력 가해자의 공통점은 부부관계에서 사용하는 의사소통 방법과 기술은 아주 단순하다. 특히 긍정적이거나 부정적인 감정표현이 어색하고 배운 경험이 적고, 내적인 욕구를 표현하는 방법과 상대방이 원하는 것을 파악하는 능력이 약해 눈치가 없다고 말한다. 이렇게 의사소통 방법이 서툴거나 잘 모르는 것이 오해와 갈등의 원인이 되기도 한다. 전문가들은 부부가 싸우는 방법과 싸움을 멈추고 화해와 용서 그리고 사랑하는 기술을 깊이 관찰한다.

가정폭력 피해자 보호시설에서 흔히 볼 수 있는 사례가 있다. 30대와 10대의 모녀는 집에서 황급하게 피해 나온 듯했다. 집에서 입던 옷에 슬리퍼를 신고 있었고, 흐트러진 머리의 엄마는 고개를 숙였으나 얼굴에 멍이 들어 있었다. 딸은 옷과 머리는 깔끔했으나 겁에 질린 듯 엄마 뒤에 숨어있었다.

남편은 40대 중반에 초혼이고, 여자는 딸을 데리고 재혼한 지 3년 되었다. 친구의 소개로 만난 남편은 성실했지만, 말이 적고 자기표현을 하지 않아 무엇을 생각하는지 알 수 없어 답답하다고 했다. 남편은 작년부터 퇴근길에 소주를 사 들고 와서 저녁마다 혼자 마셨다. 때로는 술을 많이 마시고 혼자 중얼대며 심하게 화를 내며 욕설을 퍼부었다. 말리려고 하면 화가 더 폭발하여 상을 뒤집어엎고 물건을 던졌다. 그걸 말리는 아내를 밀치고 손에 잡히는 대로 아내를 향해 던지고 발로 차는 무자비한 폭력성까지 보였다. 남편이 이성을 잃고 아내의 목을 졸라 응급실에 실려 간 날도 있었다. 딸이 너무 놀라 기절하는 바람에 남편의 폭행은 멈추었고 엄마는 애를 끌어안고 병원으로 달려갔다.

이혼을 생각했으나 남편은 폭력을 행사한 다음 날부터 사과하면서 앞으로 잘하겠다고 맹세하며 선물 공세를 퍼부었다. 말은 없으나 그는 딸에게 필요한 물건을 사다 주고 용돈도 넉넉하게 줬다. 아내는 딸에게 잘해주는 것이 고마워 그냥저냥 참고 살았다. 생명에 위협을 당하면서부터는 날마다 도망치거나 이혼을 생각했다. 몇 번 친정과 친구 집으로 도망갔으나 찾아와 빌며 잘못했다고 하여 다시 집으로 돌아갔다. 딸은 작은 소리에도 놀라 구석에 숨으면 밖으로 나오지 않았다. 학교에도 가지 않고 늘 엄마 곁에만 붙어있으려고 했다.

남편을 생각하면 측은하고 불쌍하다고 했다. 남편은 어린 시절 아버지에 대한 기억도 없고 어머니는 돈 벌러 가겠다며 가출했다. 할머니와 외롭게 살았고 할머니가 돌아가신 후에는 보육원에서 고등학교를 졸업했고 그 후 목수 자격증을 갖고 일했다. 다양한 상황과 인간관계에서 의사소통 방법과 기술을 배울 기회가 매우 적었을 것이다.

부인은 남편이 자기를 좋아하면서도 왜 폭력을 사용하는지 이해할 수 없었다. 그녀는 남편에게 애정을 표현하거나 따뜻하게 대하지 않았으며 주로 딸만 끼고 살았기 때문에 남편은 결혼했어도 외로웠을 것이라고 말했다. 그녀는 폭력이 무서워 이혼하고 독립해서 딸과 둘이 살고 싶기도 하고, 술 마시고 폭력을 사용하지 않는다면 남편과 같이 살 생각도 있다고 했다.

모녀는 보호시설에 있으며 몇 차례 상담했다. 보호시설을 퇴소하는 날 모녀에게 과제를 주고 2주 후에 다시 상담하기로 했다. 남편은 애정결핍이 있고 의사소통 능력과 기술이 부족한 것으로 보인다. 부인과 딸을 사랑하지만 표현하지 못하는 것에 스트레스가 있고 자신감도 부족하다. 나는 가족관계 개선을 위한 구체적인 행동 과제를 주었다. 우선 남편이 아내와 딸을 좋아하므로 모녀는 남편에게 친절하고 따뜻하게 대한다. 아내는 남편에게 '여보' 호칭을 사용하고 딸은 '아빠'라고 부른다. 세 식구가 함께 대화, 외출, 슈퍼마켓 장보기, 여행 등을 한다. 아빠가 운동을 좋아하므로 딸과 함께 운동한다.

모녀는 2주가 지나 말쑥하게 차려입고 약속대로 왔다. 그들은 상담과제를 열심히 실행했으며, 남편이 협조를 잘해주어 이제는 걱정이 없다고 했다. 특별히 남편이 고맙다며 준비한 선물을 갖고 왔다. 변호사의 상담을 받았을 때 이혼 사유는 충분해서 성공적으로 이혼할 수 있다고 장담했다고 한다. 하지만 부인이 진정으로 원하는 것은 남편이 감정표현과 의사소통 방법을 개선하여 행복하게 사는 것이다.

행복을 찾기 위한 아내의 이유 있는 반란이 성공하여 더는 폭력이 없는 가정에서 세 식구가 평안하기를 바란다. '여보'라고 부르는 아내와 '아빠' 소리를 듣는 '새아빠'의 마음을 상상해 본다.

나만의 공간

우리가 앞으로 이사할 아파트에는 방이 2개 있고 화장실이 2개 그리고 수납장이 여기저기에 있고 거실 한편에 작은 부엌이 붙어있다. 이번 이사는 나이가 더 늦기 전에 살림을 줄이고 또 줄여 미련과 아쉬움을 떨쳐버리는 것이기도 하다. 다른 한편 나에게는 새로운 시작이며 도전을 위한 준비다.

남편은 방 하나는 침실, 다른 하나는 자신의 서재로 쓸 것을 당연하게 여긴다. 내 생각은 다르지만, 직접적으로 표현하기보다는 차라리 다른 방안을 모색하는 게 낫겠다고 단념하고 말았다. 나 혼자 음악을 듣고, 컴퓨터 작업하고, 글 쓰고 그림을 그릴 수 있는 서재가 전에는 있었건만 방 2개짜리 아파트에서 '나의 공간'을 확보하는 것은 불가능해 보였다. 내가 말하기 전에는 아무 관심도 없는 남편에 대해 시루떡처럼 켜

켜이 쌓인 서운함이 고개를 들었다.

가족관계와 사회생활에서 여성의 권리는 스스로 해결하지 않으면 그대로 넘어가서 평등한 기회가 저절로 오지 않는다는 것을 나는 잘 알고 있다. 이는 한국의 가부장적 사고와 남성 우월적인 관습만은 아니다. 일반적으로 여성들은 가정의 평화를 위해 오래 참으며 더 좋은 때를 기다린다. 좀 더 현명한 여성들은 조용하면서도 적극적이고 도전적으로 기회를 만든다. 진정 평등한 시간은 저절로 오지 않기 때문이다.

버지니아 울프Virginia Woolf는 여성의 존재감과 남녀 차별 문제를 글로 고발하면서 여성이 글을 쓰기 위해서는 '경제력과 자기만의 방'이 필요하다고 역설했다. 100여 년 전과 지금은 여성의 사회적 지위가 확연히 달라졌다. 하지만 아직도 실제 가족관계에서 양성평등의 목소리를 높여야 존재가치를 인정받는 것이 일반적이다. 여성들은 오랜 세월 동안 살아남기 위해 지혜를 모으고, 평등한 시대를 만들기 위해 인내하며 기다리고, 소리 없이 삶의 발판을 넓혀 왔다.

공간과 건축에 관심이 있는 나는 고민하다가 홍대 건축대학 교수의 유튜브 강의를 듣고 몇 권의 책을 사서 읽었다. 나는 공간과 공간 활용에 대한 개념이 확장되었다. 비싼 공간이지만 활용도가 낮은 거실을 나의 작업공간으로 겸용하는 방안을 생각했다. 남편과 의논해 보았으나 다른 대안이 없으면서도 동의하지 않아 내 마음을 서운하게 했다. 예전과 달리 나는 기운을 빼고 상처만 남는 감정싸움은 하지 않기로 했다.

앞으로 100세가 넘도록 살 것이므로 지금이라도 10년 20년 계획을 세우자는 나의 말에 남편은 눈을 크게 뜨고 기가 막힌다는 표정이었다. 나는 오랫동안 그림 작업과 다른 활동들을 마무리하고, 수필 공부에 몰두하고 싶다고 했다. 이야기를 거듭할수록 우리 두 사람의 거리감도 줄어들었다. 내가 설득한 결과는 아닌 것 같고, 내가 원하는 것을 지원해 주는 것이 사랑이라고 믿어온 남편이 드디어 결심한 듯 진지하게 말했다.

"내가 먼저 죽으면 당신을 위해 해줄 수 있는 최선의 결정이어서 찬성한 거예요."

남편의 깊은 생각에 감동한 나는 고맙다며 끌어안았다.

은퇴 이후 그림을 그리는 것이 나의 로망이었다. 10여 년을 그림에 몰두하며 개인전과 단체전을 열고 수상도 하면서 노후 생활을 즐겼다. 하지만 코비드로 인해 내가 사용했던 화실은 없어졌고, 집안에서 그림을 그리는 것은 불가능했다. 오랜 시간 고민한 결과 나는 작품을 위한 창의력을 더 끌어 올리고, 작업에 몰두할 체력이 부족하다는 사실을 이제는 받아들이기로 했다. 주어진 상황에서 새로운 도전의 시기를 앞당겨야 할 때가 왔다고 생각했다. 그림과 글은 생각, 감정, 가치와 철학 등을 표현하는 도구다. 그림을 그릴 수 없으면 도구를 그림 대신 글로 바꾸어 수필을 써야겠다는 결정은 최상의 선택이었으며 그 결정으로 새로운 희망이 생겼다.

새 출발의 첫 단계로 이사하기 전에 해야 할 일이 있다. 이제는 가치를 상실하고 쓸모가 없어진 물건들에 대한 미련을 버리고 과감하게 정리하는 것이다. 어쩔 수 없는 현실이지만 마음은 허전하고 씁쓸하다. 안 쓰는 살림을 버리고 과거의 유물들과 이별하는 것은 용기가 필요하다. 문제는 의미와 추억이 담긴 책, 사진, 장식용 작은 가구와 수집품과의 이별이다. 거의 한 달 동안 남편과 나는 각자 날마다 조금씩 그들을 보내주었다. 끝까지 갖고 있을 것, 선물로 나누어 줄 것, 버릴 것을 선택한 영원한 헤어짐이었다.

나의 정체성을 설명해 주던 잡다한 것들은 민들레 씨처럼 바람에 날려 보냈다. 내가 소중하게 간직했던 애장품과 여행 기념품들은 사랑하는 제자들에게 추억과 함께 선물로 주었다. 아들은 아버지가 사용하던 작은 책상 하나를 가져갔고, 딸은 아버지와 엄마의 손때 묻고 추억이 있는 가구는 자기가 갖고 살겠다고 했다. 나는 그 마음에 가슴이 뭉클하고 고마웠다.

거실과 부엌은 나의 작업실로 명실공히 '나만의 공간'으로 남편과 합의했다. 눈으로 보이지는 않아도 나의 영역이 확보된 것이다. 공간이라고 해도 필요한 것은 넓은 책상과 30인치가 넘는 컴퓨터와 프린터 그리고 작은 책장이 다다. 커다란 창 아래로 키 큰 나무와 멀리 호수가 보이는 전망이 제일 마음에 들었다. 달라진 풍경은 없는데 마음으로 다르게 보였다. 전세로 살던 집을 사서 명의변경을 했을 때가 생각났다.

'나만의 공간'은 그렇게 탄생했다. 남편이 사랑의 선물로 인정해 준 공간이어서 더욱 만족했다. 멀리 보이는 호수, 산, 하늘을 바라보았다. 내 영혼과 마음이 평안해졌다. "바로 이것이 내가 꿈꾸었던 행복이야." 나는 행복에 겨워 낮은 소리로 외쳤다. 피부로 느끼는 경계는 없어도 나의 공간으로 인정해 준 남편은 TV를 보고 싶으면 예전과 달리 방해하지 않으려고 나의 눈치를 보며 승낙을 구했다. 버지니아 울프가 주장했던 '나만의 방'이 이런 것일까.

경청은 힐링이다

가까운 선배 중 한 분은 중도난청인데 대화 중에 분명히 알아듣지 못했는데 되묻지 않고 넘어간다. 선배는 들리는 것만 듣고 살기로 했다면서 대충 듣고 살아도 문제될 것이 없다고 한다. 그는 가끔 내 말에 엉뚱한 대답을 하지만 내 이야기를 들으려고 귀를 기울이며 집중하기도 한다. 항상 미소를 띤 솔직한 반응이 사랑스러워서 그 선배를 만나면 기분이 좋다. 가끔 대화에서 동문서답하는 내용은 문제가 되지 않는다. 잘 들리는 나보다 선배는 상대방의 이야기를 더 경청하고 공감한다. 그래서일까? 선배와 대화를 나누면 존중과 사랑을 받는 기분이다.

닥터 조는 은퇴하고 매주 이틀은 의료봉사를 다녔다. 그러던 그도 코로나 확진 판정을 받아 입원도 하고 자가 격리로 몇 주간은 마음고생 했다. 닥터 조는 코로나 사건 이후에 '노인 아파트 동네 의사'를 자처한 것 같았다. 그는 건강에 이상이 생기면 겁부터 앞서 누군가에게 하소연하고 싶은 노인의 마음을 잘 알고 있다. 이웃들은 조금이라도 아프면 동네 의사에게 먼저 찾아간다. 그는 식당 구석에서 환자를 의자에 앉히고 호소하는 말을 끝까지 들어준다. 일단 지나친 염려를 안심시켜 주고 의사로서의 소견을 설명한다. 의사가 호소하는 말을 끝까지 들어주고 공감하고 안심시켜 주면 환자는 병이 다 나은 것 같다고 말한다.

누군가 나의 이야기를 끝까지 들어주고 공감해 주면 그것만으로도 위안이 되고 힐링이 된다. 얼마 전에 남편은 허리협착증으로 통증이 심해져서 정형외과 검진을 받았다. 남편은 통증에 관해 장황하게 설명했다. 나는 남편에게 짧게 하라고 양손 검지의 간격을 좁히며 신호를 보냈다. 어느 사이에 보았는지 의사는 웃으며 걱정되는 일이 있으면 말씀해도 된다고 하고, 아직은 수술할 정도는 아니고 계속 조심하고 약을 먹으면 좋아질 것이라고 진단해 주었다. 수술할지도 모른다며 걱정을 태산같이 했던 남편은 벌떡 일어나 감사하다고 꾸벅 인사하고 악수를 청했다. 나이 많은 할아버지가 고맙다고 인사하는 것이 어색한지 의사는 일어나며 의자에 앉으라고 했다. 나는 입을 꼭 다물고 웃음을 참았다. 밖으로 나온 남편은 나 보기가 조금은 민망했던지 의사에 대한 칭찬을 과하게 했다. 병원에서 특별한 치료를 받은 것도 아닌데 남편은 통증이 나은 것 같다고 해서 나는 마음 놓고 놀려주었다.

가까운 친구가 3개월 사이에 왼쪽과 오른쪽 무릎관절 수술을 받았다. 재활치료를 받으면서 고통도 심하고 심리적 상실감과 우울감 때문에 힘들어했다. 말도 하지 않으며 식사는 아주 조금만 하고 누구의 전화도 받지 않아 가족들은 걱정이 컸다. 두 달이 지나자, 전화를 받은 친구의 목소리가 밝아져 더욱 반가웠다. 이야기를 들어보니 딸이 경험이 많은 간병인을 구했는데 그는 수술환자의 불안감을 이해하며 작은 하소연도 끝까지 들어주었다고 했다. 공감력이 높은 간병인의 경청은 힐링이 되었다는 친구의 말에 나는 전적으로 동의해 주었다.

나는 결혼 이전부터 강아지와 고양이를 키웠다. 가끔 심한 두통으로 혼자 누워있을 때 강아지와 고양이를 불렀다. 그리고 지금 내가 외로우니까 너희들이 내 곁에 있어 달라고 부탁했다. 신기하게도 그들은 알아들은 듯 내 손을 핥아주고 걱정스러운 표정으로 나를 지켜보았다. 내가 종일 누워있으면 그들은 볼일을 보러 잠깐 나갔다가도 곧바로 돌아와 내 옆에 앉았다. 그들이 말을 알아들으면 얼마나 알아듣겠는가. 하지만 나의 말이 끝날 때까지 듣고 옆에 있어 주는 것만으로도 위로가 되었다.

심리적 상처가 심하고 우울감과 외로움을 호소하는 사람을 상담하는 경우 애완견을 키워보라고 권한다. 개와 고양이는 평균적으로 3~4세 정도의 지능을 갖고 있다고 한다. 주인이 하는 말을 집중해서 듣고 반응하는 몸짓과 표정 그리고 소리는 주인에게 기쁨과 즐거움을 준다. 서로 소통하며 감정을 나누는 것도 보람이고 힐링이다.

내가 조금만 아프다고 하면 가족들은 병원에 가보라고 재촉한다. 내 나이 탓인지 지나치게 의사에게 의존하는 것 같다. 어렸을 때 할머니와 어머니는 내가 아프면 이마를 짚어 보고 열이 있으면 찬 수건을 이마에 얹어주셨고 할머니는 보리차를 끓여 마시게 하고 내 곁을 떠나지 않았다. 가족만이 줄 수 있는 사랑과 정성보다 더 나은 치료가 있을까. 무엇과도 비교할 수 없는 그때 그 시간은 내 마음속에 깊이 새겨져 있다. 가족의 보살핌을 받을 때 나는 가장 편안하고 존재가치가 높아지는 것 같다. 과학자들은 진정으로 보살피는 병간호는 로봇이 대신할 수 없는 영역이라고 말한다.

동생과 나는 서로 보고 싶거나 할 이야기가 있으면 전화한다. 동생은 30분은 기본이고 한 시간 정도 이야기하는 것을 좋아한다. 쌓인 이야기를 들어주다 보면 내 머리가 아프고 어지럽다. 결국 나는 전화는 30분 정도만 하면 좋겠다고 했다. 길게 말하면 나는 갑자기 당이 떨어지듯이 피곤하다고 솔직하게 고백했다. 동생은 "속사정을 말할 사람이 언니밖에 없어서 그랬어. 전화가 너무 길었지? 미안해. 앞으로는 짧게 할게. 언니가 말하다가 힘들면 말해줘. 중간에 끊어도 좋아." 이렇게 합의가 이루어졌다. 오늘도 통화하다가 동생은 "언니 피곤해? 목소리에 기운이 떨어지네. 그만할게." 하고 마쳤다. 동생은 언제나 나의 말에 귀 기울여 주고 배려해 주고 존중해준다. 우리는 서로의 하소연에 무슨 답을 해주는 것도 아니고 들어만 줄 뿐인데 묘하게 마음이 후련해지고 편안해진다. 확실히 경청이 힐링이다.

가장 인간적인 치유

사람들은 무섭고 고통스러울 때 누구를 생각할까? 일반적으로 가족이 아닐는지. 부모와 형제 그리고 배우자와 자녀에게는 말로 다 할 수 없는 신비한 사랑과 마법 같은 힘이 있는 것 같다. 내가 젊을 때는 노인들이 신체적 면역력뿐만 아니라 심리-정서적인 면역력도 점차로 약해지는 게 정상이라고 생각했다. 하지만 내가 나이 들고 나니 작은 일에도 마음 상하고 우울해지고 외로움을 많이 타고 나 자신 서글퍼지는 게 때로는 견디기가 힘들다. 우울함은 계속되고 몸살이나 감기라도 걸리면 면역력이 뚝 떨어진다. 그러다가도 아들이나 딸이 전화하거나 방문이라도 하면 변덕스럽게 기분이 좋아지고 에너지를 충전한 기분이다.

지난주에 남편은 컨디션이 좋다며 며칠 동안 아침과 오후에 산책하며 많이 걸었다. 나는 지나치게 운동하면 피곤해서 넘어지거나 과로로 몸살 걸려 고생한다고 걱정하며 잔소리했다. 걷는 시간을 줄이라고 했지만, 남편은 잠시 다녀온다고 하고는 두 시간이 지나 돌아왔다. 그는 호주머니에서 코스모스 한 송이와 들꽃을 꺼내 내 앞에 내밀었다. 갑자기 어린애가 된 듯이 그 꽃을 받아 들고 들여다보며 처음 보듯 이리저리 돌려도 보고 뺨에 대어도 보았다. 남편은 옆에 앉아 그런 나를 바라보며 빙긋이 웃었다.

다음날 남편은 콧물이 줄줄 흘러 집에 있던 콧물 감기약을 주었더니 콧물이 조금씩 줄었다. 금요일에는 아침부터 계속 누워있고 저녁 식사 이후에 곧바로 피곤하다며 누웠다. 춥다고 방 온도를 높여서인지 얼굴이 벌게져 체온을 재어보니 37도다. 저녁 8시쯤 체온을 다시 재어보니 38도가 넘게 올라가더니 말할 때도 발음이나 내용이 어눌했다. 그는 꿈 이야기를 했다. 누가 옆에 있는데 기분이 나쁘다고 보내라는 말을 겨우 알아들었다. 나는 긴장하기 시작했다. 열이 올라가는 것이 과로만이 아닐지도 몰라 불안하기도 했다. 금요일 5시부터 월요일 아침 8시까지는 클리닉에는 당직 간호사밖에 없다. 아들하고 딸에게 전화해보았자 도움받을 일도 없었다. 체온을 또 재어보니 39도로 확실하게 체온이 올라가고 있었다. 얼굴과 목 그리고 손이 따끈따끈하고 내 손을 잡으면 놓지 않던 그의 손은 기운도 없고 힘도 약하다.

하는 수 없이 밤 9시가 넘은 시간에 한의사 시 원장에게 전화하여 도움을 요청했다. 부부가 긴급히 내려와서 열을 재더니 약간 놀라며 39.5도라고 했다. 침착하고 찬찬히 여기저기 살펴보고 진맥을 보더니 감기는 아니고 몸살인 것 같고 해열제와 몸살약을 먹고 열 내리기를 기다려 보자고 했다. 한 시간이 지나면서 열이 내리기 시작했고 11시경에는 38도 아래로 열이 내려왔다. 시 원장 부부는 체온이 정상으로 내려간 것을 확인한 후에야 우리를 안심시키고 돌아갔다. 우리 부부는 아침까지 편하게 잘 잤다.

다음 날 아침 식당에서 원장 부부를 만나 지난밤에 매우 고마웠다고 인사하고 덕분에 아무 일 없이 잘 잤다고 인사했다. 며칠이 지나 들은 이야기인데 원장 부부는 집으로 돌아가서 의논하기를 만일 남편의 열이 다시 올라가 상태가 나빠지면 딸이 근무하는 분당서울대병원에 입원시킬 계획을 했었다고 한다. 고령의 노인이 39.5도가 넘어가면 일반적으로 폐렴 가능성이 있어 그런 조처를 한다고 했다. 그들은 토요일에 강원도 여행계획이 있어 출발했으나 마음이 불안해서 늦게 돌아와 전화했다. 어떻게 지냈는지 확인하고 무슨 일이 있으면 곧바로 연락하라고 했다. 전화를 받는 순간 나는 원장 부인이 걱정되어 강원도에서 전화하는 줄 알고 감동했었다. 그런데 이럴 수가. 여행 도중에 돌아왔다는 이야기는 나에게는 표현하기 어려운 감동으로 가슴이 아닌 심장이 두근두근 뛰었다.

남편은 고열로 주변 사람들을 놀라게 했지만 시 원장 부부의 염려와 적절한 처치로 무사히 넘어갔다. 그렇게 염려해 주고 위험에 대비해 준 것도 모르고 우리는 덕분에 편하게 잠을 잘 잤다. 그 덕인지 신기할 정도로 남편은 열이 다시 오르지 않고 회복되었다. 진정한 사랑과 치유의 손길에는 우리가 모르는 큰 힘이 숨어있는 모양이다.

위로하고 치유할 수 있는 능력은 생명이 있는 모든 것에 있다. 존재 자체만으로도 위로가 되고 말 한마디와 손길만 닿아도 치유가 되는 사람에게는 신비한 치유의 손이 있다. 이것은 첨단의 지능형 로봇이라도 영원히 감당할 수 없으며 오직 인간만의 영역이라고 생각한다. 우리는 가장 따뜻한 사랑과 인정을 가지고 위로할 줄을 알기 때문에 힘든 일을 당해도 견디며 살아간다.

　마음이 약하여 흔들릴 때 힘과 위로가 되고 치유가 되는 손을 생각해 본다. 어머니는 내가 마지막으로 방문했을 때 동생을 잘 챙겨주라고 말씀하셨는데 그 동생이 지금은 나를 챙기고 있다. 자주 문안 전화하고 염려하며 밑반찬과 좋아하는 음식을 만들어 택배로 보내주는 사랑을 내가 받는다. 동생이 형부와 언니 건강을 생각하며 장을 보고 음식을 만드는 장면을 생각하면 고마워 눈물이 난다. "동생아! 너는 어찌 그리 사랑이 많으니. 너를 보면 할머니와 어머니 생각이 난다. 정말로 고맙다." 동생이 음식을 보내주면 조금씩 두고두고 동생을 생각하며 먹는다. 남편은 그 고마움을 조금이라도 전하려고 동생과 조카들이 오면 용돈을 준다.

　자녀들은 필요한 음식과 건강식품을 택배로 보내고 전화로 근황을 묻기만 해도 위로가 된다. 가족만이 아니라 친구나 가까운 이웃들의 걱정과 좋은 정보도 위로와 격려가 된다. 또한 나보다 더 힘들었던 사람들을 생각하고 희망이 없어 보이고 절망적인 상황에서 살아남은 사람들의 이야기를 듣는다. 힘들 때 어떠한 관계이든 어느 곳에 있든지 진정으로 염려하고 챙겨주는 손길이 회복할 수 있는 큰 힘을 주는 가장 인간적인 치유다.

절반의 결혼

오늘은 비가 와도 유난히 변덕스럽게 쏟아진다. 강한 바람에 빗줄기를 날리다가 뚝 멈추고 갑자기 해가 난다. 마치 무대 뒤에서 기다리던 주인공이 깜짝 나타나는 것 같다. 잠시 뒤에는 부슬비가 내린다. 비를 맞아도 좋다는 생각으로 산책을 나섰다.

여고 시절 비를 쫄딱 맞으며 서대문에서 동대문을 지나 신당동까지 같이 걷던 친구가 생각난다. 한 손에는 책가방을 들고 다른 손으로는 친구 손을 꼭 잡고 이야기하다가 노래도 부르면서 신나게 걸었다. 지치지도 않았다. 비를 흠뻑 맞고 집에 도착하니 외할머니는 놀라 수건으로 닦아주면서 감기 걸리겠다고 걱정하셨다. 집에 들어서면 생강차 끓는 내음이 몸과 마음을 녹여 주었다.

친구는 대학을 졸업하기 전에 결혼하여 캐나다로 이민 갔다. 몬트리올에서 살다가 다른 지역으로 이사한 이후 연락이 끊겼다. 10년이 지나 전화가 왔는데도 나는 그녀의 목소리를 즉시 알아듣고 "너 복자구나!"라고 소리쳤다. 서로 그동안의 살아온 이야기를 하느라 통화는 길고 길었다. 어렸을 적 친구는 오랜 세월이 지나도 시공을 뛰어넘는 정이 분수처럼 솟아올랐다.

나는 친구 여동생 Y 소식이 궁금했다. 그 동생은 어려서부터 소리 없이 나를 따랐고 총명하며 독립심이 강했다. 그녀는 대학 입학 후 곧바로 유학을 준비하여 전액 장학금을 받아 캐나다로 갔다. 지금은 대학교 연구소에서 일하면서 박사논문을 준비하고 있다고 했다. Y가 다음 주에 남자 친구 B와 함께 한국을 방문할 계획인데 우리 집에 초대해 달라고 말했다. 친구라기보다 언니 같았던 복자는 어제도 만난 듯이 자연스럽게 부탁하고 나는 당연한 듯이 알았다고 했다.

Y가 남자 친구를 데리고 한국을 방문하는 여행이라면 결혼을 계획하는 관계일 것이라고 짐작했다. 다른 친척도 없고 동생이 나를 좋아하므로 부탁한다는 말이 오히려 반가웠다. 복자는 나의 마음속에서 아무 때나 나타나 내 손을 잡는 친

구다. 우리 부부는 반갑고 기쁜 마음으로 신경을 쓰며 음식을 만들고 선물로 스카프를 준비했다.

그들은 약속 시간에 꽃을 들고 찾아왔다. Y의 귀엽고 예쁘던 모습이 이제는 성숙해 보였다. 우리는 반가워 오랜만에 꼭 끌어안았다. 남자 친구 B는 앞머리 숱이 적어서인지 나이가 들어 보였고 약간 수줍어하는 인상이었다. 다행히 B는 나의 남편과 전공도 같고 직업도 같은 교수였다. 처음 만나는 사람들 사이에 공통적인 것을 발견하면 그리 반가울 수가 없다. 네 사람은 금방 거리감이 사라지고 자연스레 많은 이야기에 빠져들었다. 그들은 친정 동생들처럼 준비한 음식을 어찌나 맛있게 잘 먹는지 뿌듯하고 사랑스러웠다.

Y와 B는 같은 학교에서 오랜 시간을 두고 가까워진 관계이고, B는 이혼한 경력이 있었다. B는 형이나 누나에게 말하듯이 조용하고 차분하게 자기 생각을 이야기하며 담백한 목소리는 친근감이 배어 나왔다. Y를 쳐다보는 B의 눈길은 부드럽고 애정이 넘쳤다. Y와는 18년 나이 차이가 있어 언니가 걱정하지만, 결혼하고 아기도 키우고 평범한 가정을 이루어 살고 싶다고 했다.

B는 첫 결혼 시에도 동거만 하고 싶었으나 여자가 결혼을 원해서 했고, 자녀는 처음부터 계획하지 않아서 낳지 않았다고 했다. 그는 힘들었던 이혼 경험 때문인지 결혼에 대한 주관이 분명해 보였다. 이혼 이후 평생 혼자 살 생각으로 살아왔으나 Y가 옆에 있으면 즐거워 점점 사랑하는 마음이 생겼다고 했다. Y는 오랫동안 B를 짝사랑하다가 사랑한다는 고백을 받게 되어 꿈인 줄 알았다고 했다. 하지만 아기엄마가 되는 꿈을 포기할 수 없는 것이 고민이라고 털어놓았다.

서로 사랑하는 관계인데도 결혼과 동거에는 개념과 실생활에 차이가 있는 것을 B는 잘 아는 것 같았다. 살면서 마음이 변해 뒤늦게 결혼식을 올리는 부부도 있고, 끝까지 합의하지 못해 자녀 없이 평생을 사는 커플도 있다. 한국에서도 동거 부부가 늘어나고 있고 사실혼으로 인정받아 법적 보호도 받는다.

우리는 느긋하게 이야기를 나누다가 잠시 뒷동산에 산책을 다녀와 4시간이 넘도록 대화를 이어갔다. B는 우리 부부에게서 '형제 가족같이 편하고 따뜻한 정'을 느낀다며 자기가 앞으로 결혼하거나 동거를 해도 오늘의 이야기가 많은 도움이 될 것이라며 흐뭇해했다. 그는 신중하고 조심스러운 사람으로 보인다.

그들은 서로 사랑하며 오랫동안 쌓아온 깊은 신뢰가 있는 것 같았다. 현실적으로 이혼 경험이 있는 B가 결혼을 피하고 싶은 실제적인 이유도 중요하다고 본다. Y가 짝사랑했던 B의 사랑을 얻었다면 그렇게 소원하던 꿈의 절반 이상 이루어진 것이 아닌가. B의 생각이 확고하다면 존중해주는 것도 사랑이라는 생각이 든다. 산모가 30대 초이고 아기 아빠가 40대 후반이라면 자녀 양육 책임에 관한 실제적인 문제는 신중하게 생각할 일이다. 삶은 내가 원하는 것을 다 가질 수 없어 안타깝지만 즐거움과 행복은 둘이 얼마든지 만들어갈 수 있다고 나는 말했다.

한국에서도 가족의 형태가 다양하게 변화하고 있다. 가족의 형태는 문화와 사회환경에 따라 변한다. 그럼에도 불구하고 가족관계를 중요시하고 사회와 국가가 법과 제도적으로 보호하고 지원하는 목적은 무엇일까. 우리는 배우자와 자녀를 조건 없이 사랑하고 무한한 책임을 진다. 가족관계는 어떤 인간관계도 뛰어넘는 속성이 있다. 사람들이 가족에 소속되어 있다는 것은 삶의 원동력이 된다. 가족의 형태가 어떠하든 '사랑과 믿음'이 가족을 끝까지 지켜줄 것으로 생각한다.

생일 파티

생일 축하는 소중한 존재임을 인정하고 세상에 태어남을 가족이 기뻐하며 사랑과 관심을 표현하는 행사다. 생일을 챙겨주는 사람이 없다면 가족이나 가까운 친지가 없음을 짐작할 수 있다. 아무리 경제적으로 어려워도 생일날 미역국과 좋아하는 반찬 한 가지라도 챙겨준다면 존중받는 존재임을 확인하고 사랑받고 있음을 느낀다. 멀리 집을 떠나있을 때 누가 생일을 기억하고 챙겨준다면 더 이상의 감동은 없을 것이다.

소년원에 수감되었다가 출소했으나 돌아갈 집과 가족이 없어 보호시설에서 생활하는 청소년들이 있다. 나는 그곳에서 생활하는 청소년들을 상담한 적이 있다. 그들은 대부분 부모가 있으나 찾을 수가 없고, 부모의 이름과 나이 주소 생년월일도 정확하게 모른다고 한다. 마치 지붕이 없는 집에서 사는 것처럼 의지하고 피할 곳이 없는 그들의 삶에 관해 들으면 늘 마음이 아프다. 자기가 알고 있는 개인 정보는 보육원에 입소할 당시 담당자가 기록한 것이라는 소년도 있다. 잡초도 뿌리가 있는데 그들에게는 뿌리가 없는 생명체로 보여 측은하기 이를 데 없다. 생각 끝에 나는 그들에게 잊을 수 없는 추억을 만들어주기로 했다.

부모와 돌보아줄 친척도 없이 홀로 황량한 사막에 떨어져 살아온 철이가 생각난다. 할머니가 키워주다가 돌아가셨다고 했다. 부모에 관한 기억은 전혀 없으며 자기는 6세, 동생은 3세부터 보육원에서 성장했다고 한다. 시설의 형들을 따라 9살에 가출하여 몇 년간 떠돌아다녔던 철이는 지금은 13살 청소년이다. 내가 처음 철이를 만나던 날, 형들은 돌아가며 철이가 야뇨증과 도벽이 심해서 아무도 같은 방에서 자려고 하지 않는다고 한다. 초등학교도 졸업하지 못해서 한글을 읽고 쓰기가 시원치 않다. 형들은 철이를 놀리려는 것만이 아니고 진정으로 걱정하는 것으로 보였다. 철이는 눈치가 빠르고 붙임성이 좋았다.

첫날 집단상담을 마쳤는데 철이가 슬그머니 다가와 식당에서 같이 점심 먹고 가라고 붙잡았다. 신부님도 시간이 되면 같이 식사하면 좋겠다고 했다. 철이는 나를 식당으로 안내하고 주방의 성당 봉사자들에게 나를 상담 선생님이라고 소개했다. 철이가 점심을 먹으며 띄엄띄엄 말하는데 누군가에게 꼭 하고 싶었던 이야기로 들렸다. 철이는 보육원에 두고 가출했던 동생이 있어도 오랫동안 만나지 못했으며 연락도 할 수가 없다고 했다.

앞으로의 희망에 관한 질문에 "우리 같은 애들은 꿈이 없어요. 꿈이 있어도 돌보아 줄 부모가 없어서 할 수 있는 것이 아무것도 없어요. 이미 인생이 끝났어요."라고 담담히 말했다. 그 말을 듣는 순간 나는 갑자기 날아온 돌에 맞은 듯 놀라고 아팠다. 철이의 반응은 뼈저리게 그립고 외롭고 가슴 아픈 삶을 살면서 스스로 터득한 자포자기였다. 나는 말을 잃고 철이를 물끄러미 쳐다보았다. 철이는 나의 표정을 보면서 "선생님, 우리에게 기대하지 마세요. 가끔 상담 선생님이 오는데 시작도 못하고 울고 갔어요. 우리가 놀리고 말을 듣지 않았거든요. 모두가 우리를 포기하고 말아요." 고개를 숙이고 조용조용 말했다.

몇 주가 지나면서 철이에게는 여러 가지 변화가 있다고 형들이 들려주었다. 혼자서 동생을 찾아다닌 것이다. 그 결과 보육원이 도시개발로 다른 지역으로 이전한 사실을 알아내서 신부님과 선생님들이 놀랐다고 했다. 또한 보호시설 관장은 철이를 데리고 동생이 있는 시설을 찾아가서 만나고 왔다. 철이가 동생을 만나러 다니면서부터 활기가 생기고 가끔 동생을 데려오기도 했단다. 철이는 초등학교 수료 검정시험 준비를 시작했으며 그런 철이에게 모두가 도움을 주고 격려를 아끼지 않았다.

입소자 대부분이 생일 축하를 받은 기억이 없다고 했다. 집단상담 프로그램으로 생일 축하 파티를 하자는 의견에 환호성을 질렀다. 상담 기간이 정해져 있어서 생일 파티는 매주 몇 명씩 묶어서 하기로 하고 모두가 축하받는다는 계획에 안심하는 표정이었다. 그들은 가출했다가도 생일 파티 전날에는 돌아와서 입을 옷을 챙기고 머리 손질도 했다. 각 개인의 장점을 중심으로 쓴 생일 축하 카드와 꽃 그리고 케이크를 준비했다. 생일 고깔모자를 씌워주면 산만하던 분위기는 진정되었고 사진 속의 인물은 어엿한 청소년이 웃고 있다. 개인 사진을 찍을 때도 손을 꼭 잡아주면 가까이 다가왔다.

철이는 작은 선물이라도 받으면 동생 준다고 챙겼다. 언젠가는 동생과 함께 고등학교를 졸업하고 군 복무를 마친 후 기술교육도 받아 안정된 생활을 하며 결혼하여 가족을 만드는 꿈을 이야기했다. 보육원에서 자란 13살 소년의 꿈이라고 하기에는 너무 현실적이고 구체적이어서 처음에는 믿기지 않았다. 철이의 꿈과 목표는 오랫동안 생각하고 또 생각해 온 것으로 확실하고 간절해 보였다. 검정고시 시험공부를 돕는 신부님과 형들은 철이가 열심히 공부하는 모습에 놀랐다고 인정과 칭찬이 대단했다. 초등학교 수료 검정시험에 합격한 철이는 자신감이 생겨 중학교 진학도 계획하고 있다고 했다.

부모나 가족의 사랑을 받은 기억이 없는 청소년들의 이야기를 들으면 미안하고 죄책감이 든다. 물론 가족이 있어도 생일 축하를 받지 못하는 다양한 이유가 있다. 가족의 사랑과 보살핌은 인간의 기본욕구이고 존재가치의 구심점이다. 생일을 맞이한 주인공을 위해 생일상을 준비하고 함께 즐거워하는 가족이 있다면 그것만으로도 이미 축복받은 삶이다. 이러한 삶을 부러워하고 꿈꾸는 청소년들을 생각한다. 그들도 언젠가는 가정을 이루고 자녀들의 생일을 챙겨주는 자랑스러운 아버지가 되기를 소망한다.

나는 여왕이로소이다

같은 영화를 보아도 각자 느끼는 감정과 관심의 초점에 따라 전혀 다른 이야기가 될 수 있다. 영화 〈더 페이버릿The Favourite, 2018〉은 18세기 영국의 앤 여왕과 왕실을 배경으로 펼쳐지는 실화다. 여왕을 포함한 세 여성의 사랑과 질투, 총애받기 위한 치열한 세력 싸움이 주제다. 주인공 앤 여왕을 연기한 배우 올리비아 콜맨은 앤 여왕을 무능한 왕으로 규정하고 연기했다. 여왕은 자기 주관이나 객관적인 판단력 없이 결정하고 변덕스럽게 행동하는 성향을 훌륭하게 연기하여 2019년 아카데미 여우주연상과 골든 글로브 주연상을 받았다.

영화 평론가들은 여왕의 의존적이고 변화무쌍한 성격, 세력 싸움, 배신과 복수에 관심을 두었다. 나는 여왕의 그런 성향이 형성된 배경을 이해하고, 외로움과 상처, 여왕으로서의 숨겨진 힘과 능력 그리고 자녀에 대한 애착에 초점을 두고 살펴보았다.

영화와 비평에서 보여주는 앤 여왕의 성격적 특성은 심한 우울증과 히스테리, 변덕스러움, 무력증뿐 아니라 심리적 상처가 많은 것으로 보인다. 그런 성격은 비극적인 가족역사 속에서 영향을 받았을 것이라는 생각이 들어 특별한 관심을 갖게 되었다. 앤은 어려서 어머니가 돌아가셨으며 아버지도 일찍 돌아가셨다. 언니가 왕위에 올랐으나 자녀 없이 사망하여 앤이 여왕의 직위를 계승했다.

앤 여왕은 어려서부터 어머니와 언니를 잃고 다시 17명의 자녀와 남편을 잃어 20명이나 되는 사랑하는 가족들과 사별했다. 어려서부터 가장 가까운 수많은 사람의 죽음을 보아야 했으며 혼자 남은 사람의 외로움과 슬픔의 고통을 어떻게 표현할 수 있겠는가. 이런 비극적인 가족역사 속에서는 누구라 해도 평생을 두고 견디기 힘든 고통을 부둥켜안고 살지 않았겠는가. 앤의 정신적이고 심리적인 깊은 상처는 현대의학으로도 치료하기가 어려웠을 것이다. 이렇게 크고 많은 상처를 갖고도 살아남은 것은 깊은 내면에 삶에 대한 강한 의지와 왕으로서의 책임감이라고 나는 생각한다. 앤은 자녀들과 남편 모두가 사망한 후 37세에 왕이 되어 49세로 사망하기까지 심한 통풍으로 고생했다고 한다.

홀로 남아 여왕이 된 앤에게는 어려서부터 소꿉친구인 사라가 있었다. 사라는 앤의 궁녀로 그녀보다 다섯 살 위였다. 사라는 여왕의 유일한 친구이자 말벗이고 조언자이며, 영혼의 동반자와 같은 존재였다. 앤은 무엇보다 사랑과 위로를 갈망하며 사라에게 전적으로 의존하여 결정했고, 옆에 사라가 없으면 불안해하며 애착이 심했다. 사라는 앤에게는 엄마이자 언니이고 친구였다. 사라는 병약한 앤을 대신해 국내 정치를 장악하고 그녀의 남편이 대외 군사를 통솔했으며, 궁까지 하사받은 공작부인이 되었다.

다른 한편, 사라의 도움으로 궁에 하녀 신분으로 들어온 애비게일은 몰락한 귀족 가문 출신으로 사라의 먼 친척이다. 신분 상승의 욕망이 많은 애비게일은 여왕의 성향과 질병, 의존적인 심리상태 그리고 사라의 야심까지 파악하며 여왕의 곁으로 접근했다. 그녀는 여왕의 총애를 받기 위해 가진 수단과 방법을 가리지 않았다.

결국 애비게일은 사라의 군자금 횡령 사건 죄를 증명하고 왕의 총애를 독차지하게 되었다. 앤 여왕은 어려서부터 사라를 전적으로 믿고 의존했기 때문에 실망과 배신감은 하늘을 찌를 듯이 치솟았다. 앤 여왕은 다시는 보고 싶지 않은 사라를 영국에서 추방해 버렸다. 사라의 배신을 꿈에도 상상하지 못했던 앤의 배신감과 상실감은 감당할 수 없는 상처를 받았을 것이다.

앤 여왕의 불안하고 미성숙해 보이는 행동은 열일곱 자녀와 남편 모두를 처참한 죽음으로 잃고 사라의 배신까지 경험하게 되는 것과 떼어놓고는 이해할 수 없다. 앤은 자식들을 잃은 날을 일일이 기억하며 아이가 하나 하나 죽을 때마다 자기 신체 부분이 떨어져 나가는 것처럼 고통스러웠다고 고백한다. 앤의 유일한 낙은 넓은 침실에서 17마리 토끼를 자녀라고 생각하며 같이 지내는 생활이다. 토끼들이 돌아다니며 노는 모습을 대견스럽게 바라보고, 토끼를 끌어안고 먹이고 대화하며 같이 놀았다. 이런 장면을 어린애 같고 비정상적 행동으로만 본다면 자식을 잃은 엄마의 마음을 몰라서 하는 말이다. 오히려 토끼들과의 생활이 살아가는 힘이 되었을 것이다.

사라와의 싸움에서 승리를 만끽하던 애비게일은 감히 여왕의 침대에서 벌거벗고 낮잠을 자는가 하면 앤이 애지중지하며 사랑하는 토끼의 목을 구둣발로 잔인하게 밟기까지 했다. 애비게일의 악랄한 행동을 두 눈으로 직접 본 여왕은 무릎을 꿇게 하고 조용하지만 위엄있게 그녀의 머리채를 잡고 앞뒤로 천천히 한참 흔든다. 이렇게 애비게일은 모든 것을 얻었다고 생각하는 순간에 동물의 위치로 떨어지고 말았다.

앤 여왕은 사라와 애비게일을 완전히 믿고 의지했으나 그들은 배신과 실망으로 상처를 남기고 떠났다. 두 여자의 치열한 세력다툼은 승자도 없고 패자도 없는 인생무상함을 적나라하게 보여주었다. 최악의 상황에서 앤은 "나는 여왕이다. 모두가 날 떠나고 죽었어, 난 혼자야. 날 상처 주고 힐뜯는 것들을 이겨내야 해." 이렇게 의지를 강하게 다짐하며 자신을 지켰다.

37세에 왕위에 오른 앤 여왕은 "모든 정성을 오로지 영국을 위해 바치겠다." 선언하므로 갈채를 받았다. 즉위하자마자 앤 여왕은 전쟁을 치러야 했고, 크고 작은 많은 전투에서 한 번도 패배하지 않았다. 또한 정당정치를 본격화시켰으며 1707년에 스코틀랜드를 통합하여 '대영제국'을 이룩하는 큰 업적을 이루었다. 12년간 앤은 강해야 할 때는 '여왕'으로서

왕권을 단호하게 사용하여 나라를 지킨 강한 사명감과 내적인 힘이 있었다. 역사는 앤 여왕이 18세기 영국의 발전에 크게 기여했다고 평가한다. 진정한 승자는 앤 여왕이다.

긴 설렘

산책길은 아직 꽁꽁 얼어붙어 있는데 내 마음의 기다림은 시작되었다. 땅 밑에서 꼬물꼬물 얼음장을 뚫고 올라올 새싹들을 생각했다. 2월로 접어드니 햇살 좋은 날은 얼었던 땅도 폭 녹아 버릴 것만 같아도 독촉하고 싶은 생각은 없다. 복수초가 피어날 날이 아직 먼 줄 알면서도 새순이 올라올 자리에 시선이 멈춘다. 혹독한 겨울에 맞서 언 땅을 뚫고 올라오는 새 생명과의 만남을 상상해 본다.

어머니를 뵈러 미국 땅에 갈 때마다 어머니는 보통 3시간 전부터 집 근처 나무 그늘에서 나를 기다린다고 하셨다. 아는 이웃들이 지나가면 어머니는 한국에서 딸이 온다고 자랑하셨다. 도착하면 나를 데리고 다니며 인사를 시켰다. 이웃들은 그렇게 기다리던 딸이냐고 반갑게 인사를 나누고는 텃밭에서 미리 따다 놓은 오이와 호박 그리고 푸성귀 등을 건네었다. 이웃들과 함께 기쁨을 나누시는 어머니 사랑의 표현이었다.

이른 아침부터 어머니는 맥도널드에 같이 가자고 재촉하신다. 동네 노인들이 모여 아침 식사하는 식당이다. 문을 열고 들어서는 우리 모녀를 바라보는 남자 어른들께 인사를 드렸다. 이웃 여자 어른들께도 한 분 한 분 인사를 드린 후 나는 합석하자고 제안했더니 모두가 반겼다. 분위기는 갑자기 호호하하 즐거움으로 바뀌었다. 노인이 되어도 남자와 여자가 어울려 노는 것을 더 즐거워한다. 어머니도 흥분했는지 딸이 대접하는 것이니 더 드시라고 자꾸만 권한다. 내가 방문계획을 말씀드리면 어머니는 그날부터 나와 함께 하실 일을 계획하며 기다리는 것이 낙이라고 했다.

내가 한국으로 오는 날은 어머니가 공항에 일찍 나가자고 서두르신다. 그 이유를 알기에 가능한 한 2시간 정도 어머니와 같이 시간을 보내도록 계획한다. 어머니는 나와 같이 공항의 이곳저곳을 돌아보며 이야기를 나누는 것이 큰 즐거움이다. 식사하고 차도 마시면 어머니는 "세상에 부러운 것이 없다."라며 흐뭇해하셨다. 그래도 탑승 시간이 가까워지면 손을 꼭 잡고 눈물을 훔치신다.

    우리 부부는 유학 중인 손녀들이 방학 때 귀국 소식을 전해오면 공항에서 예쁜 코사지를 들고 2시간 전부터 기다림을 즐겼다. 긴 기다림 끝에 만나면 더욱 반갑고 행복감은 더욱 진하다. 손녀들은 코사지가 보이지 않으면 눈길이 내 쇼핑백으로 가고 코사지가 보이면 활짝 웃으며 나를 끌어안았다. 개학 전에 미국으로 돌아갈 때는 공항에 일찍 나가서 같이 준비물을 사고 식사하며 환송하는 시간은 꿈같이 행복했다. 아들과 며느리는 우리에게 괜히 고생하지 말라고 하는데 마중하러 공항에 나가는 할아버지와 할머니의 기쁨을 잘 모르는 것으로 보인다.

    어머니는 누가 와도 기다림은 좋다고 하셨다. 때로 자녀나 친구가 여행을 가면 여기저기 다니는 장면을 상상하고 달력을 보면서 기다리는 것도 재미있고 행복하다. 지금은 손녀들의 전화를 기다리기도 하고 아들이 오는 날이면 아침부터 설레는 마음으로 도착시간을 확인하며 기다린다. 나이가 많아질수록 만남의 소중함을 알기 때문이다. 내가 사랑하는 사람들은 그저 바라만 보아도 마음이 그득하다. 그들이 다녀간 뒤

며칠 동안은 체취가 남아 내 마음을 가득 채우고 그들이 남기고 간 활력으로 새 힘을 얻는다.

복수초 소식이 궁금했지만 감기 때문에 며칠 만에 산책을 나섰다. 오늘은 2월 20일인데 아니 이게 웬일인가! 며칠 사이에 복수초가 활짝 피었다. 눈 속에서도 살아남아 꽃을 피운 것이 대견하고 반가웠다. 그런데 마중 시간을 놓친 것이 마음 한구석 미안해서 아쉬움이 컸다.

굳은 땅을 헤치고 올라오는 수선화를 마중하고 싶었다. 마른 풀숲에서 잃어버린 반지를 찾듯이 구석구석 살펴보고 또 찾았다. 마른 땅이 볼록하게 솟아있고 살짝 벌어진 틈에서 아주 여린 파란 순이 얼굴을 내밀었다. 보물찾기하는 기분으로 하나씩 찾기 시작하니 여기저기서 신호를 보내왔다.

해마다 새 생명으로 다시 태어나는 작은 들풀에서 생명의 위대함과 영원함을 찾았다. 다른 그 무엇이 내 마음을 이렇게 움직일 수 있을까. 말이 아닌 몸짓과 변화로 살아있음을 드러낸다. 그들은 계절 따라 일년내내 형형색색으로 기다림에 화답한다.

인간관계에서 기다림은 무엇일까? 나는 직장생활을 핑계로 가족과 친구 모임에 빠지는 일이 가끔 있었다. 참석하지 못하는 상황을 이야기하면 믿어주고 다음 만남을 기다려주었다. 잘못을 용서받은 듯이 고마웠다. 게다가 오랜만에 만나게 되면 어제 본 듯 다정하게 대해주는 친구가 있어 내 삶이 더욱 풍성했다. 어머니와의 방문 약속을 지키지 못하게 되면 너무 죄송했다. 오랫동안 기다렸음에도 어머니는 서운한 기색을 않고 다음에 보면 되니까 편하게 일하라고 하셨던 그 마음이 더 뭉클하게 다가온다.

오랫동안 참으며 기디리는 마음은 깊은 사랑이너 희망을 품은 마음이다. 내가 기다리는 것은 사람뿐 아니라 자연 속에도 무궁하다. 기다림이란 멀리 있어도 바라보며 견디는 내적인 힘이고 흔들리지 않는 믿음이다. 만남의 기쁨을 꿈꾸게 하는 따스한 봄볕 같은.

동생의 용기

살면서 가장 큰 고통은 배우자의 사망이라고 한다. 배우자가 교통사고로 갑자기 세상을 떠난다면 누구라도 그 충격과 상처를 감당하기 어려울 것이다. 평생 가슴에 묻고 살아가야 하는 정말 참담한 고통으로 생각된다.

미국에 사는 남동생은 이른 아침 동네에 산책하러 나간 아내를 마중 나갔다가 길가에 누워있는 아내를 보고 말았다. 눈앞엔 경찰과 사람들이 모여 웅성거리는 장면이 펼쳐졌다. 앗! 아내가 교통사고를 당했구나!

동생은 3년이 지난 지금도 아직 아내와 이별하지 못하고 있다. 동생 부부와 가깝게 지내며 봉사활동을 했던 친지들과도 단절하고 성당 근처에는 가지도 않는다고 했다. 동생 부부에게는 가족과 사업, 성당에서의 봉사활동과 운동이 삶의 전부였다. 미국에 동생을 만나러 가면 저녁마다 전망 좋은 식당에서 식사하거나 때로는 친구 집 모임에도 함께 어울렸다. 나는 동생 부부에게 어려운 일이 생기면 형제처럼 지내는 성당 친구들이 큰 도움이 될 거라고 믿어 안심하고 있었다.

장례식 날 올케 친구들이 장례 준비를 하면서 나를 반겼다. 친구의 갑작스러운 죽음을 애도하면서 주고받는 대화는 듣기 민망했다. 그들은 나에게 남동생이 아직 젊으니 재혼시켜야 한다며 기왕이면 같은 성당 가족들 가운데서 찾는 것이 좋지 않겠느냐는 말을 거침없이 했다.

'아니! 어떻게 그런 말을 나에게 할 수 있을까?'

나는 너무 당황했고 동생이 이 말을 듣지 않기를 바랐다. 며칠 전까지만 해도 서로 믿고 의지해온 친구가 죽어 누워있는 관을 옆에 두고 할 말인가? 세상의 어떤 말로도 위로할 수 없는 동생의 슬픔과 고통을 그들이 애써 모른척하는 것인지 알 수가 없었다. 귀국 전날 나는 동생과 말없이 함께 앉아 있었다. 한참 동안 침묵이 흘렀다.

"누나! 나는 절대로 재혼하지 않을 거예요."

동생이 조용히 말했다. 올케의 친구들이 동생에게도 재혼

얘기를 꺼낸 것으로 짐작되었다. 올케가 세상 떠나고 3주기를 앞둔 어느 날 동생에게 전화했다.

"에디 엄마 3주기 추도예배도 드리고 형제 가족들을 보러 LA에 가고 싶어. 미국에 있는 동안 동생 집에서 머물고 싶은데 괜찮을까?"

동생은 아무 말이 없었다. 나는 '전화를 끊었나?' 혼자 중얼거렸다.

"아니에요. 누나 오세요. 누나가 편한 일정을 잡고 알려주세요. 사실 그동안 누구도 집에 못 오게 했어요."

그 말을 듣는 순간 나는 가슴이 먹먹하고 쓰려왔다.

내가 10일간 방문하겠다는 소식을 들은 동생은 준비하느라 바빴다. 3년간 청소하지 않았던 집 안을 며칠 동안 살림을 정리해 버리고 대청소를 했다고 한다. 내가 지낼 방을 청소하고 침대와 소파도 새로 들여놓았다. 도착한 다음 날 이른 아침 나는 혼자서 구석구석 집안을 둘러보았다. 올케가 직접 만든 커튼과 장식품 그리고 부엌살림은 3년 전 그날 그 시간에 멈추어 있었다. 부엌의 양념통에 남아있는 간장과 고춧가루는 눈물범벅이 되어 눌어붙었다.

싱크대 옆에 세워둔 칼도마 모퉁이가 새까맣게 썩어있는

것을 쳐들고 유심히 바라보고 있는데 동생이 내 등 뒤에서 멋쩍은 듯 말했다.

"와이프 손길이 있는 것은 치우기 싫어서 그 자리에 그대로 둔 거예요."

잠시 침묵이 흘렀다.

"언제쯤 치우려고?"

"이번에 많이 정리했는데 앞으로 조금씩 하려고 해요."

"그래…… 치우고 싶은 마음이 생기면 그때 해. 아직도 많이 힘들겠지."

내 말을 듣고 있던 동생은 훌쩍이다 코를 풀었다.

동생과 조카와 나는 미술관을 순례하며 지내기로 했다. 날마다 느긋하게 집이나 식당에서 브런치를 먹고 박물관과 미술관을 순차적으로 관람했다. 저녁에는 바닷가 밤거리를 산책하며 손을 잡고 쇼윈도를 기웃거렸다. 우리 셋은 한가하게 그림과 조각들을 무심히 바라보며 지나갔고 미술관 정원을 걸으며 이야기를 나누다가 다리가 아프면 카페에서 차를 마시며 휴식을 취했다. 아무 생각 없이 하늘을 보고 지나가는 갈매기도 구경했다. 오래전에 동생 가족과 함께 갔던 게티센터 The Getty Center는 여전히 석양빛을 받으며 땅 아래서 솟아오른 것 같이 보였다. 우리 말고도 오렌지 빛깔로 물드는 저녁노을을 바라보며 말없이 계단에 앉아 있는 사람들이 많았다. 그들은 무슨 생각을 하며 어두워지는 허공을 응시하고 있는 것일까?

나는 동생이 그렇게 말이 많고 유머러스한 줄을 몰랐다.

"오늘이 7일째인데 아직도 하고 싶은 말이 많지?"

동생 얼굴을 쳐다보니 무표정하고 심각했다.

"누나가 미국 온다는 전화 받은 날부터 내 생활에 활기가 생겼어요. 하지만 다른 한편으로는 걱정이 돼요. 누나하고 지내는 지금은 꿈만 같은데 누나가 한국으로 가면 예전으로 돌아갈 것 같아 두려워요."

죽으면 영영 이별인데 동생은 아내의 죽음을 인정하지 못하고 있는 것 같았다. 동생은 유품이 죽은 자와의 유일한 연결고리라고 생각하여 허상을 붙잡고 있었다. 아내를 떠나보낼 수가 없어 아내의 유품을 꼭 끌어안고 있는 동생의 마음을 존중해주고 싶었다. 어떠한 배려와 이해도 잠시 잠깐의 위로인 것을 알지만 지극히 외로울 때는 혈육의 정이 그리울 것 같아 나는 요즘도 자주 전화한다.

세상에서 가장 힘든 고통을 당하고 있는 동생에게 스스로 준비할 때까지 기다려주는 것 말고 무엇을 할 수 있을까? 몇몇 지인들은 동생을 위로한다고 등 떠밀 듯 새 출발을 독촉하기 때문에 차라리 아무도 만나지 않는다고 했다.

어제 동생과 통화했다. 지난주에 청소회사 사람들을 시켜 집을 말끔히 청소하고 정리했다고 한다. 외부 사람의 손으로 살림을 정리하고 치우게 하는 것은 마음이 움직이고 있음의 표현이다. 얼마나 많은 시간을 고민하고 또 생각했을까? 새로운 출발을 향해 내딛는 한 걸음은 대단한 용기다. 동생의 용기 있는 그 한걸음에 나는 한 없는 응원을 보낸다. 날이 저물고 어둠이 가면 새날은 반드시 올 것이다.

chapter 5
함께 가는 그림자

빼앗긴 아이

영화 〈필로미나의 기적Philomena. 2013〉은 전직 BBC 기자 출신 마틴 식스미스의 저서 『잃어버린 아이The Lost Child of Philomena Lee』가 원작이다. 주인공은 주디 덴치Judi Dench와 스티브 쿠건Steve Coogan이다. 이 영화는 1950년대 아일랜드 수녀원에서 있었던 일로 강제 입양 과정에서 생겼던 비리에 초점을 두고 사회적 그늘을 고발한 화제작이다.

나는 엄마와 아들에게 관심을 두고 영화를 재구성해 보고 싶었다. 엄마가 아들에 대해 느끼는 죄책감과 아들을 보고 싶어 하는 애절한 마음, 그리고 아들이 엄마와 조국을 그리워하는 마음이 뼛속으로 흐르도록 나에게 그대로 전해졌기 때문이다.

미혼모들은 자신의 아이가 어디로 입양되었는지 알지 못

한 채 '아이를 평생 찾지 않겠다.'는 각서에 서명해야 했다. 로마 가톨릭이 지배하고 있는 아일랜드 사회에서 혼전 임신은 용서받을 수 없는 큰 죄였다. 그 당시 미혼모는 주홍 글씨를 가슴에 단 '죄인'이 되어 수녀원이나 세탁공장, 각종 교화시설에 입소해서 4년 동안 하루 12시간 중노동을 해야만 했다. 그렇게 해야 하루 한 시간 자식을 만나볼 수 있었다.

수녀원 원장은 엄마인 필로미나의 동의나 예고도 없이 4세인 아들 앤서니를 입양하여 떠나보냈다. 엄마는 우연히 아들을 차에 태우고 떠나는 모습만 창밖으로 보았을 뿐이다. 그렇게 아픈 기억을 가슴에 품고 50년 세월을 살았다. 평생 간호사로 일하고 은퇴한 필로미나는 딸에게도 숨기고 살았던 비밀을 처음으로 공개하며 아들을 찾고 싶다고 했다. 엄마의 결심은 손가락질과 온갖 비난도 각오한 것이었다.

필로미나의 딸은 전직 기자였던 마틴에게 도움을 요청했고 엄마는 마틴과 함께 아들 앤서니가 있는 미국을 향해 가기로 했다. 마틴은 입양의 진실을 밝혀낼수록 문제의 심각성을 깨닫게 되었다. 엄마와 아들은 강제로 빼앗긴 삶을 살았으며 그들의 인권이 유린된 비극적 사건을 세상에 알려야 한다고 필로미나를 계속 설득했다. 비밀스러운 이야기를 세상에 공개하는 것은 또 다른 고통을 감내해야 하므로 용기가 필요했다. 결국 필로미나는 '잃어버린 아들과 엄마의 비극적인 삶'을 세상에 공개하기로 어렵게 마음먹었다.

마틴은 앤서니의 성장 과정과 사회경력 그리고 고통스러웠던 생활에 관한 자료를 보석을 캐어내듯이 하나씩 찾아냈다. 아들 앤서니는 미국의 권위적인 양부모에게 입양되어 이름이 마이클이 되었다. 그는 입양된 순간부터 정체성을 잃은 채 살아야 했기에 쪽배와 같이 작은 바람에도 흔들렸을 것이었다. 동성애자로 성 정체성까지 남들과 달라 오랫동안 방황했다. 고통스러웠을 아들 소식을 듣는 엄마는 깊은 생각에 빠져들 뿐 말을 잃어버린 것처럼 보였다.

아들 마이클은 조지 부시 대통령과 레이건 행정부 법률 자문으로 백악관에서 근무할 정도로 사회적으로 성공했다. 하지만 동성애자로서 에이즈 환자가 되어 8년 전에 죽은 사실을 알게 되는 순간 엄마의 마음은 어떠했을까. 아들과의 만남을 기대하고 소원했던 엄마의 꿈은 산산조각이 나고 말았다. 그럼에도 불구하고 엄마는 아들 앤서니가 엄마를 생각했는지 알고 싶었다. 아들을 지켜주지 못한 죄를 사과하려던 마음은 내려놓을 수가 없었고, 고통의 멍에를 품고 살아온 엄마 마음을 알아주길 바랐다.

필로미나는 앤서니의 사진을 보고 또 보았다. 어려서부터 청소년기, 대학 시절, 양부모 가족 그리고 직장생활 시절의 사진을 보면서 내가 키웠다면 이렇게 못 되었을 거야. 기껏해야 변호사 사무실에나 다녔을 거라고 중얼거리며 자기를 위로했다. 엄마는 아들이 대견스러운 한편 입양을 보낸 자책감을 동시에 느끼는 양가감정이었다. 아들의 소식을 들을수록 내적인 좌절감과 허망한 마음을 말로는 표현하기조차 어려웠다.

엄마와 마틴은 마이클의 사진을 하염없이 보다가 양복 윗옷 왼쪽 깃에 있던 천년이 넘게 아일랜드를 상징하는 금빛 '히프' 문양의 브로치가 눈에 띄었다. 그 순간 마틴은 '아!' 소리를 질렀다. 아일랜드 출신 마틴은 그 하프의 상징적 의미를 잘 알기 때문이었다. 아이리쉬 하프는 전투와 영웅 그리고 전사를 위해 연주하는 열정적인 소리를 내는 강한 악기였다. 그 악기를 브로치로 만들어 붙이고 다니는 사람의 마음을 알 것 같은 마틴은 마이클이 고향을 그리워하고 어머니를 그리워한 증표라고 확신했다.

그들은 마이클의 동성연애 파트너 피터를 어렵게 만나 놀라운 이야기를 들었다. 아들 마이클은 엄마를 늘 그리워했으며 죽기 직전까지 수녀원을 몇 번 방문하여 엄마를 찾았다는 사실이다. 하지만 수녀원 원장은 생모를 전혀 찾을 수 없으며 어머니가 애를 영원히 버렸다고 거짓말했다. 또한 필로미나도 아들에 관한 소식을 들으려고 수녀원에 몇 번 갔으나 아들에 관한 자료는 화제로 없어졌다고 말하며 원장은 끝까지 진실을 말해주지 않았다.

피터는 마이클이 지금 그 수녀원에 묻혀있다는 사실을 알려주었다. 양부모는 아들을 미국에 묻기를 강력히 원했으나 마이클은 늘 '고향'에 잠들고 싶다고 말했기 때문에 기어코 아일랜드에 묻어주었다고 했다. 엄마는 아들이 이미 죽었다는 소식에 영혼이 빠져나간 것처럼 보였으나 아들이 엄마와 같이 살았던 그 수녀원에 묻혀있다는 말을 듣고는 심장이 다시 뛰기 시작했다.

수녀원 한편에 묻혀있는 아들의 묘비에는 "두 나라의 아들로 멋지게 살다가 여기 잠들다."라고 쓰여있었다. 묘비 옆에서 엄마와 아들이 주고받는 말소리가 들리는 듯했다.

"아들아! 너는 엄마가 여기 올 줄 알았지? 나는 너를 버리지 않았단다. 한시도 너를 잊은 적이 없어."

그녀의 흐느끼는 소리를 들은 것일까. 아들 역시 엄마를 위로하듯 다독인다.

"나는 내가 태어난 아일랜드와 엄마를 잊은 적이 없어요. 죽어서도 만나고 싶던 엄마 곁으로 와서 편안합니다."

외로움은 언제나 내 몫

몸과 마음이 저리도록 외로울 때 한 친구는 무작정 걷는다고 했다. 남편이 불의의 사고로 갑자기 사별한 후 친구는 몇 달 동안 혼자 집에만 틀어박혀 있었는데 외로움과 우울감이 숨을 쉴 수 없을 만큼 심해졌다. 캄캄한 밤 또는 새벽에 동네 골목길을 발에 물집이 잡히고 무릎관절이 쑤셔서 더 걸을 수 없을 때까지 몇 달을 걸었다고 했다. 그는 몸의 에너지가 완전히 소진될 때까지 걷고 또 걸었다. 몇 년이 지난 이제는 여행도 자주 다니고 순례길을 좋아하는 일상을 살아간다. 어쨌든 사람들은 다양한 방법을 찾아 외로움을 극복하려고 노력한다.

세계보건기구WHO는 2023년 10월에 '외로움'은 공중보건을 위협하는 것으로 규정했다. 외로움은 우울증, 불안, 스트레스, 심장병, 면역력 저하 등 다양한 건강 문제의 원인이 된다고 보았다. 게다가 삶의 질과 만족도도 낮춘다. 외로움은 사회적인 변화를 반영하는 것으로 본다. 가족구조의 변화, 도시화, 디지털화로 인해 외로움을 느끼는 사람이 증가하고 있다. 사회적 변화는 외로움의 문제를 더욱 심각하게 만들고 있다. 극심해지면 하루 담배 열다섯 개비를 피우는 것만큼 건강에 심각한 위협을 준다고 한다.

최근에 70대 여자 한 분이 우리 옆집으로 이사 왔다. 엘리베이터에서 만나 인사해도 받지 않고 옷은 늘 꾸깃꾸깃하고 표정이 우울해 보였다. 식당에서 가끔 뵈는데 식사를 별로 하지 않아 직원들이 특별히 신경을 쓰는 것 같았다. 나는 사회복지사에게 입주자가 새로운 환경에 적응하지 못하고 우울함이 심할 때 어떻게 돌보는가를 물어보았다. 그럴 때는 자녀가 방문하는 것이 제일 효과적이라고 했다. 아무리 우울한 사람도 가족이 방문하면 발걸음이 달라지고 구부정하던 허리도 펴지고 때로는 미소를 짓는다고 했다. 어느 날인가 그녀는 정말 영양주사 몇 대를 맞은 것보다 더 화색이 돌고 생기가 살아나는 것처럼 보였다. 나도 처음 이사 왔을 당시엔 옆에 남편이 있는데도 새로운 환경에 적응하느라 힘들고 외로웠다. 그때 아들이 찾아와주면 그간의 쌓였던 우울감이 싹 사라지고 큰 위로가 되었던 생각이 났다.

옆집의 딸과 며느리로 보이는 가족들이 번갈아 방문하는 날엔 그녀도 밖에서 걷기도 하고 외출도 했다. 어느 날 그 집 딸과 함께 이야기를 나누었다. 직장생활도 했던 어머니는 아버지가 돌아가신 후 굳이 혼자 사시겠다고 고집해서 시니어타운에 입주했는데 이렇게 힘들어하실 줄 몰랐다고 했다. 나는 그분이 왜 그렇게 힘들어하는지 조금은 이해가 되었다.

나이가 들어 남편과 사별하면 젊어서와 달리 더 우울한 외로움으로 마음고생을 한다. 게다가 평생 정들고 손때 묻은 살림살이를 정리하고 줄여서 노인 아파트로 이사하는 일은 제2의 이별이다. 이렇게 인생 마지막 단계에서 죽음의 준비는 시작된다. 배우자가 먼저 가고 혼자 이사를 한다면 상실감과 외로움은 몇 배로 커진다. 혼자 사는 이웃들은 우리 부부가 함께 다니는 모습이 그렇게 부럽다고 한다. 그들은 먼저 간 배우자가 세월이 지나면 잊힌다고 하지만 시간이 갈수록 점점 더 생각나고 보고 싶다고 토로하며 눈물을 닦는다. 평생을 함께한 남편의 존재가치를 어찌 잊을 수 있으랴.

노인들에게 찾아오는 고독과 외로움은 고질병과 같다. 인간이 그토록 외로움을 타는 것은 사회적 동물이기 때문이라고 한다. 자녀들은 사회경제적인 활동으로 만날 기회가 줄어들고 친구들과 만남의 기회도 뜸해지면서 노인들의 외로움은 커져만 간다. 몸이 쇠약해지고 여기저기 아픈 데만 늘어나니 주로 집에 있는 시간이 많아지게 되고 거기다 형제와 친구들이 먼저 세상을 떠나면 더욱 외로워진다. 이런 고질병은 누가 도와주기도 힘들고 결국은 자기 혼자 감당해야 할 몫이다. 혼자 남아 살아야 하는 삶이라면 스스로 강해지는 방법밖에 무엇이 있을까.

노인의 삶을 연구하는 전문가들은 무슨 일이 일어나든 지금의 삶을 사랑하는 것이 외로움을 극복하는 길이라고 한다. 노인의 행복은 홀로 잘 견딜 수 있는 능력에 달려있다고 강조한다. 실제로 독립적인 생활을 잘하는 노인들은 혼자 사는 방법을 터득할수록 삶의 만족도가 높아지는 것으로 본다. 현대인이 사는 것을 살펴보면 젊어서는 인간관계에 주로 의존했지만 나이가 들수록 '혼자 독립적으로 자기 관리'를 하는 사람이 늘고 있다. 이것은 사회적인 변화 현상이지 싶다.

우리 부부와 같은 식탁에서 식사하시는 95세 할머니는 거의 30년 동안 새벽 6시부터 30분간 아파트 통로를 걷고, 규칙적으로 식사하고, 오후에 햇빛을 받으며 또 걷는다. 허리 척추 측만증으로 불편함이 있어 보행 보조기와 보청기를 사용한다. 주변의 친구들은 대부분 돌아가셨거나 요양병원에 있어 이제는 친구조차 없다고 한다. 그런데도 아들과 딸에게 바쁜데 자주 오지 말라고 하신다.

할머니는 날마다 곱게 화장하고 옷도 계절과 날씨에 맞춰 챙겨 입는다. 아는 사람을 만나면 잔잔한 미소와 함께 손을 흔들며 인사한다. 말씀은 적어도 늘 마음이 푸근하고 상대방을 세심하게 배려한다. 매사 긍정적이며 적극적인 성향으로 보인다. 보통 노인들은 입맛이 없다고 습관처럼 불평하는데 그분은 식당에서 주는 음식은 가능한 한 골고루 먹는다. 할머니에게 '자기 관리'와 '외로움 관리'를 잘하고 있다고 칭찬했더니 수줍게 웃으며 먼 산을 바라본다. 외로움도 자기 관리도 어쩌면 마음먹기에 달린 것은 아닐까?

나목

산책길 옆 느티나무는 겨울이 되면 무성했던 나뭇잎을 다 떨쳐버리고 알몸이 되어 햇살 좋은 날이면 그림자를 데리고 나타난다. 그림자와 나란히 서 있는 나목이 보고 싶어 설레는 마음으로 집을 나선다.

나목은 그림자와 함께 아침부터 해가 기울 때까지 빛을 따라 자리를 옮겨가며 눕기도 하고 서기도 한다. 때론 큰 키가 바짝 줄어들기도 한다. 겨울 어느 날 오후, 그림자는 푹신푹신 쌓인 낙엽 위에 드러누워 편안히 휴식을 취하고 있다.

나목은 아무 말이 없으나 말로 표현할 수 없는 묘한 매력을 품고 있다. 그 그림자에는 인간적 아름다움이 숨어있는 것 같다. 흑백 사진을 찍으면 그림자 형태가 선명하여 한층 강한 생명력을 느끼게 한다. 나는 그들만의 어떤 메시지를 전하고 있는 것으로 보여 걸음을 멈추고 천천히 나무뿌리에서부터 꼭대기까지 살펴본다. 목을 뒤로 젖히고 올려다보니 앙상한 가지는 하늘에 닿을 듯 뻗쳐올라 나를 내려다보는 기세가 당당하다.

봄이 되면 다시 새잎을 틔우려 왕성한 기운을 끌어 올리는 나무 기둥에서 꿋꿋한 생명력을 느낀다. 무더운 여름엔 이파리가 무성해져 더위를 식히며 산책하기 좋은 큰 그늘을 만들어 주고 가을에는 화려한 색깔로 변신하여 아름다운 세상을 보여준다. 눈이 부시도록 찬란했던 모든 단풍을 털어버린 나목은 빛과 만나면 전혀 다른 모습을 그림자로 보여준다.

인상파 화가인 클로드 모네Claude Monet는 '빛의 화가'로 사물에 비치는 빛의 아름다움을 그림으로 창조해 냈다. 지상의 물체와 빛이 만나는 찰나에 태어나는 생명체의 생동감을 캔버스에 옮겨놓았다. 그는 석양빛에 생명력이 살아나는 아름다움을 그림으로 표현해 보인 것이다.

겨울나무들이 노을빛을 받으면 황금빛 찬란한 광경을 연출한다. 마치 빛의 창조자를 찬양하는 듯하다. 그림자에는 잔가지들이 나타나지 않고 색채도 없다. 낙엽 카펫 위에 자리 잡은 나무 그림자는 몸통만 남기고 나머지는 모두 털어버린 벌거숭이 자체다. 그들을 보고 있노라면 어떤 4차원의 세계로 나를 끌고 들어가려는 것 같다. 나는 그 느낌에 빠진 채 햇살이 피워내는 온기를 마신다.

나는 나무를 많이 그린 박수근 화가를 좋아한다. 그의 그림에서 '나목'은 여인들과 함께 등장한다. 그의 나무는 앙상한 가지만 남아있는 겨울나무, 큰 나무 기둥에 몇 개의 굵은 가지만 있는 나목, 굵은 기둥을 잘라낸 자리에 새순이 올라와 자라난 나무들이 다양하게 그려져 있다. 특히 그의 나목에서 나는 고운 숨결을 느낀다.

소설가 박완서는 20대에는 박수근의 '나목'을 죽은 나무로 보았으나 40대에는 다가올 봄을 기다리며 추위를 견디는 나목임을 알게 되었다고 토로했다. 박수근과 박완서는 '나목'이 상징하는 '희망과 삶의 가치'를 보여주고 싶었던 것 같다. 그래서인지 때때로 작가가 고심한 내면의 세계를 깊이 들여다보고 싶은 충동이 일어난다. 겨울에는 땅에 뿌리를 박고 서 있는 나무 전체를 살펴보고 나무 기둥에서부터 굵고 가는 잔가지의 선을 따라가 본다.

지난주 산책길에 우연히 매화나무 가지치기하는 모습을 지켜보았다. 정원사는 3m가 넘는 장대 끝에 가위를 매달고 가위질을 했다. 숙련된 솜씨로 굵고 가는 가지의 선과 특성을 살려 멋을 만들어냈다. 잘 다듬은 매화나무 가지들은 무대에서 사뿐사뿐 춤추는 나비같이 날렵한 발레리나를 연상케 했다. 매화나무는 굵은 가지와 잔가지가 만나는 부분에서 분명하게 꺾이는 선이 멋스러웠다.

매화 그림을 보면 꽃에 생동감을 주려고 줄기가 꺾이는 지점에서 붓에 힘을 주었다가 빼기를 반복하며 선을 살린다. 매화나무는 굵은 가지에 잔가지가 많아 가지마다 너무 많은 꽃이 피면 가지의 선을 볼 수가 없다. 매화나무 가지는 적절한 부위에서 꺾이고 다시 뻗은 선으로 그 자체가 예술이고 꽃의 자태를 더욱 돋보이게 한다.

양지바른 언덕에 비스듬히 군락을 이룬 매화 향기는 은은히 발걸음을 멈추게 한다. 가지의 선과 꽃은 언덕 아래서 위로 바라보면 풍성함이 더하고 위에서 내려다보면 전체가 어우러져 내 품속으로 들어오는 것 같다.

잘 다듬은 매화나무는 나무 기둥이 가늘어서인지 느티나무 그림자에서 느꼈던 생명력보다 약해 보인다. 하지만 파란 겨울 하늘과 매화나무 가지의 선을 따라가 보면 잘 드러난 꺾임에서 정원사의 절묘한 솜씨가 드러난다. 매화나무는 꺾임과 선으로 보여주는 감흥이 따로 있다.

화가 박수근과 소설가 박완서는 1950년 한국전쟁 이후 폐허의 절망적 사회를 그림으로 표현하고 글로 썼다. 그들은 '희망과 삶의 가치'를 벌거벗은 나무에 비유하여 전달하려 했던 듯싶다. 70년 세월이 흐른 지금 코로나바이러스와의 전쟁 현장에 서 있는 나는 '나목'을 바라보며 이 시대의 '희망과 삶의 가치'가 무엇인가를 생각해 본다.

짧은 유언

단 한 번 보았을 뿐인데도 평생 기억에 남아 영향을 미치는 것이 있다. 그중 하나가 처음 런던 대영박물관에 갔을 때 본 것이다. 박물관 지하에는 왕과 왕비 그리고 왕족들의 수십 개나 되는 미라가 줄지어 있었다. 실제 모습 그대로 화려하게 장식한 관 속에 편안하게 누워있는 미라도 있었다. 그 형상은 매우 충격적이고 인상적이어서 지금도 기억이 생생하다. 살아생전 최고의 권력과 명예의 상징이었던 왕과 그 가족이 세월이 지난 먼 훗날 미라가 되어 관광 상품이 될 줄이야. 최고의 점술사라도 감히 상상이나 했을까. 인간의 삶과 소유에 관해 생각할 때마다 대영박물관의 미라가 떠오른다.

세계적인 위인뿐만 아니라 사람들은 너나없이 이 세상에 와서 살다 간 흔적을 어떤 형태로든 남기고 싶어 한다. 종족의 유산을 전수하려는 의지는 비단 인간만이 아니라 모든 생명체의 본능이다. 인간의 그러한 욕망은 역사, 문화, 과학, 건축, 예술, 학문, 종교, 영토 등의 산물로 남았다. 이런 문화적 산물은 역사적이고 사회적인 가치에 비중을 두어야지 단순히 인간의 욕망이라고 여길 일은 아니라고 본다. 산술적으로 계산할 수 없는 정신적이고 문화적이며 영적인 유산은 인간만이 남긴 귀한 자산이라고 생각한다.

나의 친정아버지는 폐암 말기 진단을 받았음에도 불구하고 "더 바랄 것이 없다."라며 수술을 거부하셨다. 자녀들에게도 단 한 번도 북한 땅 고향이 그립다는 마음을 표현하지 않았고, 끝내 '이산가족 찾기'를 신청하지도 않으셨다. 아버지의 생각이 궁금했던 남동생은 북한에 있는 가족에 관해 알고 싶다고 했다. 아버지는 북한에 사는 형님과 누님 그리고 사촌과 조카들에 관한 소식을 간접적으로 간간이 들으셨다고 했다.

아버지의 고향 친구들은 이산가족을 찾기도 하고 여러 가지 통로로 편지와 사진을 주고받았다고 했다. 하지만 가족을 만난 이후 친척들이 도움을 요청하는 것과 자녀들과의 접촉으로 난처한 일도 있었다. 친구들의 사정을 잘 아는 아버지는 자녀들에게 미치는 영향을 고려하여 고향에 관한 미련을 과감하게 떨쳐버리신 것 같았다.

아버지와 어머니는 가족을 이끌고 해방 직후 황해도 해주시에서 월남하셨다. 6·25 전쟁으로 부산에서 피난 생활을 했고 서울에서 7남매를 기르며 사셨다. 그 후 1970년대에 미국으로 이민 가서 생활하기까지 우리가 어려서 몰랐던 가장으로서의 무거운 짐이 얼마나 힘들고 어려웠을지 짐작이 간다. 외할머니까지 10명이나 되는 가족에 대한 책임감은 때로는 감당하기 힘들도록 크고 무거웠을 것이다.

나는 왜 아버지의 마음을 지금에 와서야 안타깝게 생각할까? 불안하고 막막했던 시기를 어떻게 버티셨을까? 자녀들에게 심리적 부담을 주지 않으려고 혼자 묵묵히 성실하게 앞만 보고 사셨던 아버지의 인생은 놀랍고도 존경스럽다. 부모 마음은 나이를 들어봐야 안다고 했던 어머니 말씀이 나의 이야기가 되고 있다.

아버지는 폐암 마지막 단계에 입원하여 통증 치료만 받다가 어머니에게 집에 가서 한잠 자고 오라고 하고는 본인도 주무시다 하늘나라로 가셨다. 그리고 LA 시내가 멀리 보이는 가족 묘지에 고요히 묻히셨다. 아버지는 살아 있을 적에도 오빠가 마련했다는 가족 묘지에 가끔 가보셨고 그 자리가 편안하고 좋다고 하고는 별다른 아쉬운 마음은 밝히지 않았다. 아버지와 어머니는 버스로 갈 수 있는 '산타 모니카 비치'에 즐겨 가셨다. 태평양 바다를 바라보며 실향민의 애환과 서글픈 마음을 서로 나누었으리라. 두 분은 자녀들에게 부담되는 일은 일체 피하고 가슴에만 묻어 두기로 하신 것 같았다.

한국에 사는 동생과 나는 마지막으로 아버지를 뵈러 LA에 갔다. 아버지는 산소 자리에 가고 싶다고 하셨다. 어머니와 우리 형제들에게 "나는 지금 만족하고 행복하다. 일곱 자녀가 받은 축복에 감사한다. 너희 할머니는 돌아가시면서 천당 가는 길이 보인다고 말씀하셨다. 모두가 하늘나라에서 만날 수 있기를 바란다. 특별한 유언은 없다."라고 말씀하셨다.

아버지는 어머니가 혼자 사실 때 필요한 약과 비타민을 보충하고, 집의 구석구석 먼지를 닦고 정리하신 후 은행 계좌를 어머니 이름으로 바꿔 주셨다. 그리고 문손잡이와 커튼 고리, 전구 등을 확인하시고 완벽히 교체했다. 어머니는 그렇게 준비하시는 아버지를 극구 말렸으나 말없이 틈틈이 정리하셨다. 세월이 지나도 어머니는 아버지가 꼼꼼히 손질해 놓은 것들을 누가 건드리면 싫어하셨다.

아버지가 돌아가시고 12년이 지난 어느 날, 오빠가 췌장암 말기 진단을 받았다. 오빠는 어떤 수술도 받지 않겠다고 결심했다. 아버지가 어머니를 위해 정리 정돈했던 것처럼 오빠는 올케가 혼자 살아가는 데 불편함이 없도록 목록을 만들어 놓고 하나하나 챙겼다. 엔지니어인 오빠는 거의 날마다 연장통을 차에 싣고 교회에 출근하다시피 하면서 시설이 낡은 것을 찾아 보수하고 교체했다.

후손들에게 물려주고 싶은 삶에 대한 가치와 인생관 그리고 전통문화 등에 관한 것은 이미 사는 동안 자녀들과 공유했다고 생각한다. 나는 아들과 며느리, 딸, 누구보다도 손녀들과 같이 보낸 꿈같이 즐거웠던 순간들을 내 인생 최고의 선물이라고 여긴다. 아버지는 '아버지 자리'를 지키기 위해 성실하고 정직하게 사셨고 "만족하고 행복하다." 말씀하셨다. "더 바랄 것이 없다." 말씀이 아버지의 유언이었다. 짧지만 긴 여운으로 남긴 노을 같은 그 말씀이 숙명적인 근력으로 다가온다.

IT 시대는 셀프다

젊은이들은 한국의 IT 시대를 자랑으로 생각하고 환영한다. 반면 노인들에게는 익숙하지 않은 IT 시대가 두렵기만 하다. 최근에는 키오스크 같은 낯선 기계 앞에서 종종 소외감을 느낀다. 인건비가 오르면서 동네 카페나 음식점은 물론 전통시장에서도 키오스크를 사용한다. 그것은 주문하고 정산하는 일을 대신하는 일종의 IT 기계다. 이젠 식당에서 일하는 로봇을 만나도 낯설지 않다. 처음에 나는 식당에서 키오스크를 사용할 때 뒤에서 기다리는 사람들을 의식하면서 주문이 늦어지는 게 부담스러워 스트레스를 받았다. 하지만 인건비 인상과 노조 문제해결책의 하나가 된다는 것을 이해하면서 적극적으로 배우기로 했다.

언젠가 햄버거 식당에 갔을 때 키오스크를 사용할 줄 몰라 학생들이 하는 것을 유심히 보았다. 입력해야 하는 내용과 순서가 헷갈리고 선택 항목과 추가 주문을 반복해서 확인하는 것이 번거로웠다. 몇 번 시도하는데 뒤의 학생이 "도와드릴까요?" 한다. 운이 좋은 날이었다. 그 이후 젊은이들이 사용하는 것을 유심히 보고 드디어 나도 혼자서 사용할 수 있게 되었다. 대단한 기술이라도 터득한 것처럼 남편에게 자랑했다. IT 기기는 계속 개발될 것이므로 노인들은 자존심이 상하고 시간이 걸려도 배워야 소비생활을 할 수 있는 세상이 되었다.

나는 80대에 들어섰다. 100세를 넘어 120세까지 살 것이라는 가능성을 의심하지 않는다. 목적지도 정하지 못하고 고속버스에 이미 올라탄 기분이다. 경제적 문제, 자녀와의 관계, 거처 문제, 건강관리 그리고 일없이 많은 시간에 무엇을 하며 살 것인지 막연하다. 은퇴한 이후 50년 이상으로 늘어난 시간은 산 넘어 산처럼 갈 길은 멀고 두려움은 큰 산처럼 높다.

초고령 시대에 삶의 존재가치와 질적인 삶이 무엇이고 고령의 삶을 어떻게 관리해야 할지 알기가 어렵다. 시험문제는 받았으나 전혀 예상하지 못한 문제다. 답안지를 작성하려니 앞이 캄캄하다. 80세 아니 90세가 넘어도 노후에 삶의 계획을 계속 바꾸고 변화를 따라가야만 살 수 있을 것 같다. 우리나라도 고령화에 따라 노인복지 정책을 계속 개발하고 있고 노인들은 장기 요양 등급을 받으면 1주 5일 하루 3시간씩 필요한 돌봄서비스를 받을 수 있다. 요양원이나 요양병원 시설과 서비스도 노인들의 생활 만족도를 높여준다. 식사와 청소를 해결해 주는 노인 아파트에 대한 인식이 달라지면서 입주 대기자가 늘어나고 있다. 직장생활을 하는 자녀들의 도움 없이 독립적으로 살고 홀로서기가 좀 더 가능해진 듯하다.

나는 20년 살던 아파트를 떠나 지금 사는 노인 아파트로 이사 왔다. 과거의 아파트는 이웃과 인사도 없이 고립된 분위기에서 살았고, 일상생활의 크고 작은 일은 자녀들에게 도움을 요청하고 의존해서 해결했다. 여기는 직접 운영하는 식당과 문화센터를 중심으로 이웃과의 교류가 있고, 취미생활과 교육프로그램에 참여하고 운동하며, 어떤 문제든 언제든지 문의하고 도움을 받을 수 있다. 또한 새로운 IT 기기 사용 방법에 관한 교육도 한다.

노후 생활을 위한 연금 제도와 건강보험으로 기본생활을 보장하는 복지제도는 발전하고 있으나 복지국가에서 심각한 문제는 노인의 자살률이 증가하는 것이다. 현대 사회의 문제는 우울증, 외로움 그리고 고독한 삶이다. 치매는 노인이 가장 두려워하는 복병과 같다. 의술과 약에만 의존해 치료하는 것도 한계가 있다.

고혈압과 같은 질병은 평생 약을 먹고 살면 일상생활에 큰 지장이 없다. 하지만 우울증과 같은 심리적이고 정신적인 질병은 심한 경우 일상생활에 장애가 되어 삶의 질이 떨어진다. 전문가들은 예방적인 차원에서 운동, 취미생활, 명상 그리고 종교 생활 등을 권한다. 그것은 본인의 의지와 결정으로 본인이 하는 '셀프 관리'로 누가 대신 할 수 없는 일이다. IT 시대 사람들은 수많은 기계를 생활 도구로 사용하면서 다른 한편 명상과 기도로 자신을 다스리고 스스로 치유하는 '셀프관리 능력'을 키운다.

삶의 질을 유지하고 높이기 위해서는 IT 기기 사용 방법을 배워야 한다. 달라진 시대가 충분한 이유가 된다. 예전보다 보고, 먹고, 구경하고, 입고, 여행 등 즐길 수 있는 것이 많다. 이제는 돈이 있어도 상품에 관한 정보와 구매 방법 그리고 정산하는 키오스크를 사용하지 못하면 불편하다. 마치 핸드폰을 잊고 외출하면 불편한 것과 같다. 일상생활에서 우리는 이미

TV, 핸드폰, 배달주문, 카드사용과 결제, 인터넷 뱅킹 등 수많은 기계를 사용하고 있다. 그래도 새로운 기계를 만나면 겁부터 나지만 일단 사용해 보면 핸드폰 사용 방법보다 단순한 것도 있다.

사람들은 의지와 노력으로 불안과 두려움 그리고 고통을 어느 정도까지는 다스리며 살고 있다. 지혜가 있는 노인과 장애인은 완전한 치료가 불가능한 것을 알고 한계를 받아들인다. 그리고 더 좋은 것을 선택하는 것이 아니라 아직 기능할 수 있는 부분을 활용하고 보조 의료기를 최대한 활용한다. 이제는 이가 없으면 잇몸으로 먹지 않고 임플란트를 하거나 틀니로 먹는다.

IT 시대에서 기계를 생활 도구로 사용하여 일반적인 생활과 건강관리는 편해졌지만 '셀프관리 능력'이 있어야 생활 만족도를 높일 수 있다. 주변 사람들을 보면 새로운 변화와 사물에 관심이 많고 적극적으로 배운다. 어디서나 남녀노소 누구나 핸드폰을 들고 있다. '셀프관리' 시대에 변화하는 생존 방법을 배우고 있는 현장으로 보인다.

화관을 쓴 나

 무슨 생각이 떠오르면 아무 때나 끼어들고 이야기마다 참견하는 친구들이 있다. 그 친구들은 누가 뭐라 해도 상관없이 제각기 자기 말을 하며 목소리를 높여 웃고 즐거워한다. 오늘따라 말이 없던 애순이는 나를 향해 불쑥 "뭐니 뭐니 해도 동창회에서 화관을 쓴 생일 파티는 최고였어. 결혼식 생각은 너무 오래되어 기억에 없는데 생전 처음 써본 화관은 지금도 벽에 걸어놓고 날마다 보고 있어. 난 내가 소중한 사람이라고 당당하고 자랑스럽게 생각한 것은 그때가 처음이었어."라고 진지하게 말한다. 몇 친구는 밝은 표정으로 고개를 끄덕인다.

 화관은 고대 그리스와 로마 시대부터 사용되었다. 당시는 화관이 승리, 영광, 신분, 종교적 의미를 나타내는 중요한 상징물이었다. 그리스에서는 올림픽 경기에서 승리한 선수에게 화관을 씌워주었고, 로마에서는 황제나 개선장군이 화관을 썼다. 화관은 행복과 축하 그리고 아름다움을 표현하기 때문에 지금도 결혼식이나 축제에서 사용되고 있다.

은퇴한 이후 고교동창회 모임에 가는 것이 나의 새로운 즐거움이다. 매달 40명이 넘는 친구들이 동창회관 모임방에서 만나면 하도 웃고 떠들어 집으로 돌아갈 때는 목이 쉴 정도다. 은퇴한 친구들이 나오기 시작하면서 그 수는 점점 늘어난다. 나는 회장단이 준비한 예배와 점심뿐 아니라 계절마다 새롭게 기획되는 특별행사에도 열심히 참석했다. 꼭 학창 시절로 더 돌아간 것만 같다. 그동안 수고한 친구들이 하도 고마워 나도 회장을 맡아 봉사하기로 했다. 같은 문화권에서 성장한 평생 친구들은 내 인생의 든든한 울타리다. 두렵고 외로운 노년의 초행길에 함께 늙어가는 친구가 있음은 큰 축복이다. 나는 힘들고 외로울 때면 그 친구들 이름을 부르며 고교 시절 그때 그 교실 52번 내 자리로 돌아간다.

5년 전에 친구들에게 "100세 넘어서도 살고 싶어?"라고 물었더니 대부분 싫다고 응답하고 몇 명은 오래 살고 싶다고도 했었다. 지금은 우리의 의사와는 상관없이 오래 살 것 같은 예감이 든다. 가장 두려워하는 치매와 건강관리, 신변 및 재산 정리 등을 구체적으로 준비해야 하는 상황을 받아들이고 있다. 우리의 목표는 "사는 날까지 자녀에게 의존하지 않고 독립적으로 건강관리 잘하고 즐겁고 평안하게 살자!" 이것이다. 이제는 개인의 자유와 책임을 강조하는 실존주의 철학사상을 선택해서가 아니라 스스로 장수 노인의 삶을 살아갈 각오를 단단히 하는 것 같다. 굳이 철학적인 관점을 강조하지 않아도 사회의 경향성에 따라 적응해 가는 '홀로서기 흐름'이라고 여겨진다.

나는 회장이 되기 전부터 친구들이 함께 어울려 즐거워하고 행복한 시간을 보내는 방안을 생각해 왔다. 욕심을 낸다면 남편과 자녀를 위한 생일 축하보다 나 자신을 위한 생일 파티를 더 화려하게 하는 것이 로망이었다. 지금까지는 내 생일이 뒷전으로 밀려 서운해도 크게 불평하지 않았다. 억눌려왔던 존재가치와 삶의 보람을 확인하고 나를 포함한 친구들에게 보상을 주고 싶었다.

우리 인생에 가장 인상 깊은 생일 파티 계획은 친구들 모두가 대환영이었다. 매달 생일 축하를 받을 친구들에게는 화관을 씌워줄 계획이니 예쁘게 모양내고 오라고 하자 갑자기 웅성거렸다. 나는 화관을 쓴 친구들의 표정을 상상하며 양재동 꽃시장 구석구석을 돌아다녔다. 모교를 상징하는 하얀 배꽃으로 화관을 만들고 싶었으나 꽃시장에서는 찾을 수가 없었다. 어느 꽃집 아주머니는 내 생각을 듣더니 복숭아꽃 연분홍색 조화를 권했다. 잔잔한 꽃으로 화관을 만들고 뒤에는 녹색 리본을 길게 늘어뜨렸다. 내가 만들었어도 멋있어 보여 흐뭇했다.

정기모임이 있던 날 일찍 도착한 임원들은 화관을 돌아가며 써보고 흥분하여 환성이 터졌다. 매달 화관을 만들 수 없으니 다음 달에 다시 사용하자는 의견도 있었다. 사랑, 용서, 희망을 상징하는 복숭아꽃 화관은 여자들이 머리에 쓰면 아름답고 화려해서 주인공으로서 최고의 기쁨과 즐거움을 누릴 수 있었다. 우리는 딸로서 아내와 어머니로서 가족과 자녀 그리고 자신을 위해 수고하며 산 보람을 자축해야 한다고, 노년에 화려하게 생일 축하를 받을 자격이 충분하다고 나는 강조했다.

화관을 쓴 친구들은 무대에서 생일 축하 케이크의 촛불을 끄고 어색함도 없이 주인공으로서 당당하게 마음껏 이리저리 포즈를 취했다. 즐거움은 하늘을 찔러 생일 축하 노래를 손뼉 치며 불러주고 음악 시간에 합창했던 노래에서 갑자기 교가까지 힘차게 불렀다. 누가 선창하면 모두가 협력해서 피아노 반주까지 격식을 갖추었다. 친구들은 매달 자원해서 떡과 뷔페로 점심을 주문해 생일잔치를 푸짐하게 마련했다. 모두가 화관을 쓰고 싶다고 했다. 오랫동안 동창회에 나오지 않던 친구들에게 나오라고 연락했다. 모두에게 화관을 씌워주기로 하고 매달 임원들이 모여 정성껏 화관을 만들었다. 어느 친구는 남편 앞에서 화관을 쓴 자신이 자랑스럽고 귀한 존재임을 확실하게 보여줬다고 뿌듯해했다.

화관을 쓴 친구들의 모습은 팽팽했던 젊은 시절보다 더욱 우아하고 아름다웠다. 여자이기에 자아의식과 자기 존중감을 억누르고 살아왔으나 욕구가 없었거나 잊어버린 것은 아니었다. 특별한 존재로 인정받고 싶다는 것은 본능이다. 화관 하나로 존재감과 성취감이 살아난 친구들의 모습이 하늘을 나는 것처럼 보였다.

이제 100세를 바라보면서 육신의 기능은 점차로 약해져 가지만 영적이든 정신적이든 자유로운 영혼으로 독립적인 삶을 살아가기를 소망한다. 죽음에 대한 두려움과 나이 듦의 외로움을 이겨낼 용기를 갖자고 서로 다독이면서 친구들과 함께라면 두려운 것이 없을 듯하다.

함께 가는 그림자

자주 잊어버리거나 기억이 깜박깜박하는 것이 치매의 대표적인 증상인 것으로 사람들은 잘못 알고 있다. 건망증을 확대 해석하며 두려워하고 겁을 먹는다. 노인성 치매에 관한 서울의대 의료정보만 보았는데도 나는 오해가 많이 풀리고 불안감이 사라졌다. 두통이 뇌의 각종 질환으로 인해 발생하는 증상인 것처럼, 치매도 뇌의 다양한 질환 때문에 생기는 증상 또는 증후군이라고 한다. 후천적으로 발생한 뇌의 각종 질환이 원인이 되어 지적 능력을 상실하고 일상생활에 장애가 생긴 경우를 치매라고 본다.

치매는 다양한 원인에 의해 발생하는 인지기능의 감소를 통칭하는 용어다. 알츠하이머, 혈관성 치매, 루이체 치매 등 다양한 기저 질환에 의해 발생할 수 있다고 한다. 치매는 기억력, 사고력, 언어능력 등 다양한 인지 영역에 영향을 줄 수 있다. 치매의 치료 가능성은 각각의 원인적 요인과 질환과 상황에 따라 다르며, 조기진단과 적절한 치료가 무엇보다 중요하다. 약물은 증상의 진행을 늦출 수 있으며, 비약물적인 치료법으로는 인지 자극, 운동과 사회활동 등이 있다고 한다. 치매에 관한 조기진단과 치료 방법에 관해 알아보고 나서 나는 치매에 관해 무조건 겁낼 게 아니라는 생각이 들었다. 실제로 좋은 약도 개발되어 나오고 보험 혜택으로 치료도 받을 수 있고, 요양보호 서비스도 받을 수 있다는 정보는 나를 안심시켜 주었다.

작년 봄쯤 남편은 감기 기운이 있다며 자꾸만 눕더니 밤에도 자고 낮에도 잠을 많이 자서 은근히 걱정했다. 어느 날 점심 식사 후 낮잠을 2시간 정도 자고 난 남편이 서두르며 점심 먹으러 가자고 했다. 그 정도는 아무것도 아니다. 하루는 자고 나서 나를 바라보며 "집사람 어디 갔어요?"라고 물었다. 내 가슴이 덜컹 내려앉았다. 나는 냉수를 마시게 하고 내 얼굴을 가까이 들이대며 "내가 누구인지 알겠어요?"라고 했다. 그는 나에게 왜 그런 질문을 하느냐고 되물었다. 의사인 아들에게 전화로 상황을 이야기하며 걱정했다. 아들은 잠시 잠깐 그럴 수 있으니 걱정하지 마시고 또 그런 일이 있으면 언제라도 전화하란다.

　나는 남편에게 인지교육과 치매 검사를 권했으나 완강히 거부했다. 내가 먼저 검사를 받은 후에야 남편이 검사를 받았다. 그는 검사 결과 경계선에 있다는 말에 충격을 받고 자진해서 '인지교육'을 받기 시작했고 치매 예방 비타민도 열심히 먹고 있다. 남편은 몇 달 되지도 않았는데 자신의 상태가 좋아진 것 같다고 기뻐했다. 나는 그런 것 같다고 맞장구쳐 주었다. 치매에 대해 나는 지나치게 예민해 겁을 냈던 것 같다. 치매 질환과 치료에 관한 정신건강 정보를 온라인으로 쉽게 찾아볼 수 있는데 왜 불안한 생각만 했는지 모르겠다. 치매가 의심되면 신경과 의사의 검사와 조기진단이 매우 중요하다고 한다. 치료 방법으로 인지행동 장애의 진행을 둔화시키는 약, 행동 증상을 치료하는 약 그리고 기억력 장애를 치료하기 위한 약물이 개발되어 널리 사용되고 있다. 치매는 조기에 발견되면 10~15%는 완치된다고 한다. 나의 불안감이 완전히 없어지지는 않았지만 지나치게 예민했던 감정은 어느 정도 사라졌다.

　고교 시절부터 지속해 온 친구들이 함께 휘이휘이 삶의 마지막 단계로 올라가는 모습을 보면서 측은지심이 생겼다. 이제는 상황 파악이 둔해져서 같은 말도 엉뚱하게 알아듣고, 일상생활에서 깜빡깜빡 잊어버리는 일은 보통이다. 한 친구는 다른 날에 약속 장소에 갔다가 허탕 치고 돌아왔다고 했다. 모두 공감하며 큰 소리로 웃었다. 친구들이 두려워하고 염려하는 것과 대처 방안 등이 나와 우리는 똑같이 서로가 거울이고 그림자라는 생각이 들었다.

백내장 수술과 무릎관절 수술하고 보청기까지 끼게 되자 친구 혜선이는 한동안 우울했다고 했다.

"이제는 다 포기하고 그러려니 살기로 했어."

친구들은 저마다 무슨 생각을 하는지 잠시 말이 끊겼다. 목구멍에 가시가 걸린 듯 불편한 적막감을 깨우기 위해 내가 한마디 했다.

"그래? 너 참 용기가 있다. 노인 생활에 적응을 잘하네."

"너 그 말 나한테 칭찬하는 거지?"

친구의 질문에 나는 당연하다고 했다. 언젠가 읽은 책에서 이어령 박사가 한 말이 떠올랐다.

"부담 없이 솔직하게 말하고 웃고 떠드는 친구가 있는 사람은 행복한 사람이다."

혜선이가 밝게 웃으며 "그럼 우리는 모두 행복한 사람이네."라고 말하자 모두가 맞장구를 쳤다.

내 주변에는 난청으로 잘 듣지 못하는 이웃이 늘어나고 있다. 이웃에게 인사하거나 무엇을 물어봐도 못 들은 척해서 처음에는 이상하다고 생각했다. 이제는 '난청이 심해지고 있구나.' 생각하고 그냥 넘어간다. 아들 가족이 와서 같이 뉴스를 듣거나 TV 프로그램을 보고 이야기하는 중에 나는 듣기는 듣는데 상황과 내용을 제대로 파악하지 못하고 잘 따라가지 못하는 것을 느꼈다. 나는 어떻게 대처하면 좋을지 고민했으나 이제는 궁금해도 물어보지도 않고 대충 알아듣거나 몰라도 그냥 그러려니 하고 넘어간다. 내 친구들도 그렇다고 한다.

그저 같은 시간 같은 공간에 아들 가족과 함께 있는 것만으로도 즐겁고, 며느리와 손녀가 부엌살림을 정리해 주고 과일을 손질해 함께 먹으면 그걸로 행복하다. 나의 육체는 점차로 기능이 약해지고 둔감해지는 것을 느끼며 '그것이 인생이지. 그래도 함께 늙어가는 그림자 같은 친구들이 있으니 행복하구나.'라는 긍정적인 생각을 하며 나 자신을 위로한다. 그 행복 때문일까, 오늘따라 마음이 평안하다.

그때 그 시간

미국에서 활동하고 있는 소설가 김유미가 6년간 투병하면서 집필한 소설 『사닥다리』 출판 축하 모임을 친구 세 명과 조용한 식당에서 가졌다. 아쉽게도 주인공 유미는 LA에 있다. 오늘의 '축하 모임' 중에 유미와 통화하고 쏟아낸 이야기가 그냥 공중에 흩어져 버린다면 너무 서운하고 허무할 것 같아 한 줄의 언어를 통해 글로 남긴다면 이 또한 언젠가 추억이 되고 옛이야기가 되어 모닥불을 다시 한번 지피게 되지 않을까.

신자는 통화하기로 약속한 12시에 미국에 전화를 걸었다. 핸드폰을 나에게 넘겨주자 기다리고 있던 유미가 반갑다고 인사를 했다. 목소리는 여전히 곱고 부드러웠다.

"네 작품 편안하고 흥미롭게 잘 읽었어, 메시지도 잘 전달

되어서 감동이야." 내 말이 끝나기도 전에 유미는 부끄러운지 칭찬은 빼달라고 한다. 그녀의 목소리가 나의 귀를 통해 가슴으로 전해왔다.

나는 유미에게 하고 싶은 말이 있었다. 최근에 버지니아 울프Virginia Woolf의 책 몇 권을 읽었는데 네가 그 작가의 제자라면 딱 어울릴 것 같다는 내 말에 유미는 자기가 좋아하는 작가라며 그분의 책은 몇 번씩 읽으며 공부했다고 했다. 내가 그걸 알았다고 하니 우연치고는 너무 신기하다는 말을 몇 번이나 반복했다.

정이와 금희도 축하 인사와 밀린 이야기를 털어냈다. 우리는 따뜻한 찻잔을 높이 들고 작지만 우아한 목소리로 '파이팅!'을 외쳤다. 신자는 가까운 친구들에게 책을 주문하여 예약 배송했다. 나는 책을 받자마자 즉시 읽었다. 정이도 다 읽었다고 하는데 금희는 아직 끝까지 읽지 못해 미안한 표정이었다. 이미 소설 내용을 훤하게 알고 있는 신자는 "이번 유미 소설은 잔잔한 강물처럼 흘러가며 여기저기 둘러보는 분위기야."라고 말했다. 정이는 "예전 소설과는 또 다르고 작품 속에 아는 친구들이 등장해서 재미있었어." 그렇게 각자 나름대로 작품감상 비평을 풀어놓았다.

나는 우선 축하의 방법을 궁리하다가 주인공이 없어도 우리끼리 만나 작품감상을 나누는 것으로 축하하고 즐거워하는 장면을 사진 찍어 보내기로 했다. 우리는 시간 가는 줄 모르고 밀린 이야기를 꺼내 들고 웃고 떠들었다. 급기야 나는 집으로 가는 셔틀버스를 놓칠까 봐 서둘러 택시를 타고 겨우 정류장에 도착했다. 그런데 정작 사진을 찍지 못한 사실을 택시 타고 나서야 알았다. '어쩌면 좋지? 너무 서운해. 다시 만나 사진부터 찍자고 하면 어떨까? 모두 좋다고 하겠지. 유미도 함께 찍을 방법은 없을까?' 택시 안에서 나 혼자 무릎을 꼬집으며 아쉬워했다.

친구들과 통화한 이후에 유미는 미국에서 이메일을 보내왔다.

이번 소설은 나 자신의 이야기부터 시작해 가능한 한 있는 그대로 가까운 친구와 하룻밤 또는 이틀 밤, 같이 지내며 이야기하듯 쓰고 싶었던 글이었어. 좋게 읽어줘서 고마워. 조금 전에 전화하면서 정말 놀랐어. 우리 둘 다 버지니아 울프를 좋아하는 거잖아? 생각할수록 신기하네. 이 글을 쓰기 시작하면서 그분의 책을 다시 읽고 또 읽었지. 시간의 흐름이 아닌 '의식의 흐름' 바로 여기에 내가 반한 거야. 고마워. 진심으로 고마워.

유미는 자기가 존경하는 울프를 나도 좋아해서 반갑고 다시 생각해도 신기하다고 했다. 그리고 소설에서 전하고 싶은 메시지의 핵심을 파악하고 인정해 준 것이 진심으로 고맙고 기쁘다고 했다. 마치 전시회에서 내 그림을 보고 그림이 전달하려는 메시지를 읽어주는 사람을 만났을 때 느끼는 그런 감정과 같았을 것이다. 유미와 나는 깊은 공감대를 확인하면서 친근감을 더 가깝게 느꼈다.

울프는 『자기만의 방』에서 여성을 주제로 글을 썼다. 주제와 관련된 생각의 줄기를 '의식의 흐름 기법'으로 풀어나갔다. 100년이 지난 지금도 문제시되는 사회적 현실로써 여성의 존재가치와 삶, 양성평등의 문제를 다룬 것이다. 유미는 '의식의 흐름'을 울프와는 다르게 큰 강물이 잔잔하게 흐르듯이 풀어나갔다. 그러면서 크고 작은 강줄기는 여성의 삶과 평등 의식을 분명하게 담고 있었다.

축하 모임 친구들은 소설에 등장하는 동창들에 관한 이야기로 시작해서 근황까지 이어지는 역사 속으로 빠져들었다. 오랫동안 동창회 모임에 적극적으로 참여해 온 신자와 정이는 누구보다 많은 친구의 소식을 알았다. 그들은 지지와 격려가 필요한 친구들에게 간간이 연락하고 소식을 전해왔다. 코로나 발생 이전까지는 장기간 요양병원에 입원해 있는 친구를 가끔 병문안 가기도 했다.

우리 4명이 알고 있는 정보를 모아서 엮으니 궁금했던 친구들의 인생 역정이 완성되어 가는 것 같았다. 소식이 끊긴 친구, 노환으로 자녀의 집이나 요양원으로 갔다는 근황들, 이미 하늘나라에서 우리를 기다린다는 소식은 멍하니 말을 멈추게 했다. 소설 『사닥다리』는 친구들이 '의식의 흐름' 속에서 죽음을 초월하여 다시 만나 큰 강을 이루고 함께 흘러가도록 강의 폭을 넓혀주었다.

송성자의 수필 세계

삶의 희망을 키우는 수필

박원명화 | 수필가·평론가

송성자의 글은 형식과 내용과 견해로 나눈다. 구성과 표현에서부터 심리적 정체성과 지성적 감동을 더듬어 보게 된다. 가족, 친구, 지인, 이웃 등에 얽힌 이야기를 다양하고 긍정적인 소재로 이입하여 글의 구성과 의미 전달이 긴밀하게 이어져 완결성을 부여한다. 작품마다 응집된 시간적 흐름은 애잔하면서도 우아한 이미지를 형성시킨다. 이는 작가가 가진 필력일 수도 있겠지만 평소 지닌 인격 성향의 진지함일 수도 있다. 문장에 동원된 단어들에서도 작가만의 여유로운 서정적 분위기와 인간적 정감이 곳곳에 스며 있다.

수필의 미학적 구조에는 작가의 사상과 감정이 담겨 있기 마련이다. 작품 속 제재나 소재를 구성하는 데 있어 자신이 체험하며 보고 느낀 것을 가장 효과적인 방법으로 전달하기 위해 작가는 글을 쓰면서 고심한 흔적이 역력하다. 알랭의 『藝術語錄』에서 보면 "시와 웅변은 예술 중에서 다소 음악에 유사하고 산문은 건축, 조각, 회화에 유사하다."라고 했다. 아무리 다채로운 상상력을 갖고 있다 해도 보고 느낀 감정을 그대로 전달하기란 쉽지 않다. 그것은 감성이나 상상력에 공식이 없기 때문이며 작가 저마다 가진 정서적 의식이 다르기 때문이다.

작가는 글을 쓸 때 단순한 일상의 서술보다는 문학의 미적 구성이 치밀해야 한다. 좋은 작품을 쓰기 위해서는 지나친 형식에 얽매이거나 미학적 기교를 동원하기보다는 잔잔하고 소소한 아픔의 흔적에서 깨닫고 성장하는 이야기가 더 재미있고 감동적으로 다가온다. 그것은 생활의 공통분모에서 느끼는 일반적인 동일성의 진술과 공감대의 형성이 자연스럽게 융합될 수 있기 때문이다. 작가는 글을 쓰므로, 삶을 배우고, 성찰하고 깨닫기도 한다.

어머니란 이름은 누구에게나 아름다운 추억이며 영원한 그리움이다. 함께 지냈던 흔적은 사라졌어도 그때 그 시절 그날의 기억들은 인화된 사진처럼 가슴에 스며 있어 어떤 순간마다 현실의 이미지로 되살아나곤 한다.

「딸아! 너를 알아보지 못한다 해도」는 작가의 체험을 변형하여 가족 간 진실하고 섬세한 교감의 효과를 극대화한 작품이다. 딸을 알아보지 못하는 어머니의 애틋한 모정을 회상한 것도 동성의 정체성을 지닌 본능에서 발현된 고백인지도 모른다. 딸의 손을 매만지는 어머니의 따뜻한 손길이 믿음의 간절한 염원의 교감이었을까. 결미에 이르러 어머니가 딸을 알아보았다는 데서 가슴 뭉클한 위로의 반전을 선물한다.

작가가 문장을 이어가는 필력은 능숙하다. 이런 점을 보더라도 작가는 독자에게 무엇을 전달해야 하는지를 정확히 알고 있는 듯하다. 수필이 체험의 고백이고 자아의 해석이라면 작가의 바라보는 올바른 시선과 정신적 감정이 어느만큼 담느냐에 따라 글의 해석과 의미는 달라진다. 작가가 자기를 지켜야 한다는 부담이 크면 애초 구상했던 주제의 본질이 흐려질 수도 있겠지만 송성자의 작품은 본 대로 느낀 대로 직접적인 사실을 들려주기보다 드러내지 않은 것 같은 간접 울림을 통해 두 배의 감동을 전달한다. 쓰는 사람은 감동에 취해 쓰고 읽는 사람은 이성의 정체성을 갖고 평가한다.

수필에서의 주인공은 어디까지나 작가 자신이다. 그래서 한 권의 수필집을 읽고 나면 작가의 삶을 대충 알게 된다. 송성자의 글에서도 그가 사회복지학과 가족 상담을 전공했다는 걸 짐작할 수 있다. 작품 「외로움은 언제나 내 몫」, 「IT 시대는 셀프다」, 「함께 가는 그림자」, 「쫄지 마!」, 「이유가 있는 반란」 등등, 작가가 겪은 실증적 풍경을 토대로 그려가면서도 생각은 시종일관 심리학적 교감이 강하게 드러난다.

위로하고 치유할 수 있는 능력은 생명이 있는 모든 것에 있다. 존재 자체만으로도 위로가 되고 말 한마디와 손길만 닿아도 치유가 되는 사람에게는 신비한 치유의 손이 있다. 이것은 첨단의 지능형 로봇이라도 영원히 감당할 수 없으며 오직 인간만의 영역이라고 생각한다. 우리는 가장 따뜻한 사랑과 인정을 가지고 위로할 줄을 알기 때문에 힘든 일을 당해도 견디며 살아간다.
─「가장 인간적인 치유」중에서

치매를 앓고 있는 남편을 향한 애틋한 정성은 사랑으로 맺어진 부부애의 빛나는 표상처럼 보인다. 오랜 세월에 이르기까지 오직 한 사람만을 믿고, 따르고, 보듬는 아내의 따뜻한 어조는 눈여겨볼 일이다. "여자는 훌륭한 남자를 만드는 천재여야 한다."라고 했듯 자나 깨나 남편을 걱정하는 아내의 눈빛은 상상만 해도 가슴이 뛰고 행복한 향기가 뿜어져 나올 것만 같은 생동감이 느껴진다. 형제간의 우애도 아름다운 평행선을 이룬다. 그것은 작가의 몸에 밴 혈육의 자율적인 애정 본능인지도 모른다. 생각하고 바라보는 눈길이 훈훈한 것도 서로 기울지 않은 포근함과 배려하는 너그러움이 있어 가능하다.

질병과 상태에 따라 차이가 있으나 환자를 희생적으로 돌보고 장기간 버티는 것은 신체적 정신적으로 생각보다 힘든 일이다. 나는 처음으로 남편의 병간호를 하고 있다. 폐렴으로 생명의 위험한 고비를 넘기고 치매 환자가 된 남편을 돌보는 나를 되돌아보았다. 남편의 자는 모습을 들여다보며 손을 잡고 있으니 내 몸의 한 부분으로 느껴졌다.

―「환자와의 빅딜」 중에서

하늘이라 해서 날마다 푸르기만 할까. 때로는 구름도 끼고 번개도 치고 비바람을 일으켜 무겁게 호령한다. 하지만 결국엔 본래의 모습으로 돌아와 맑고 푸른 하늘이 된다. 사람의 삶도 마찬가지다. 절망 속에서도 작가의 가슴에는 끝없는 희망이 분출한다. 기다리다 보면 언젠가 마음 밭에 향기로운 꽃이 피어날 것으로 믿는 작가의 심성에서 아름다운 지적 공감을 채운다.

남편의 기력이 점점 쇠약해져 감에 따라 아내의 건강도 점점 기울어져 간다. 아내의 의무, 심리적인 책임, 위기에서 오는 소외감 등이 뒤섞인 내적 갈등이 불안한 요소로 작용하며 작가는 정신적 혼돈에 시달린다. 마음이 괴로우니 몸마저 아픈 것이다.

남편이 치매 진단을 받은 이후부터는 우리의 일상생활 전체를 흔들다가 아예 휘두르게 되었다. 처음에는 불안하고 막막해서 나만 고통을 당하고 있는 것처럼 마음고생이 심했다. 남편의 증상이 심각해지는 상태를 상상하면서 악몽 속으로 빠져들기도 했다. 치매가 당장 죽는 병은 아니라 다행이라고 나 자신을 강하게 붙잡았다. 치매에 걸려도 오래 사는 것이 더 나은지 묻는다면 사람들은 무엇이라고 답을 할까? 누가 죽음을 선택할 것인가. 나는 남편이 무조건 오래 살면 좋겠다.

―「큰일도 작은 일이다」 중에서

    작가는 글을 쓰면서 자신이 살아갈 길을 밝힌다. 어리석고 바보스러운 지난날의 기억들, 허황된 꿈, 상처, 미워했던 마음 등에서 아파하고 위로받고 치유한다. 살아온 경험은 최후에까지 남아 있는 작가의 벗이 되어 이야기를 들려주고 벗에게서 들은 이야기를 글로 지어 독자에게 들려준다. 이렇듯 내 이야기 속에서 또 다른 나를 발견한다는 것, 그게 바로 수필의 매력인지도 모른다.

    송성자 수필을 읽다 보면 나도 모르게 묘한 흡입력에 빠져들게 된다. 단순, 담백한 글에서나, 속마음을 여과 없이 드러낸 글에서나, 지적 소회를 열거한 글에서나, 기적의 꽃송이 같은 경탄과 감동이 치솟는다. 삶이 주는 그 이상의 의미와 가치를, 글을 통해 잉태하고 해산하면서 어떤 부끄러움도 소중한 기억과 고마움도 스스로 통찰해 가며 더 나은 내일의 삶으로 환기한다.

작가의 심성은 매우 부드럽고 부지런한 것 같다. 세월 앞에서도 타오르는 열정은 한여름 태양만큼이나 뜨겁다. 가정을 알뜰하게 꾸리고 살면서도 사이사이 글도 쓰고 그림도 그린다. 글의 필력도 좋지만 그림 또한 화가로도 수준급이다. 그런 걸 보면 그분의 몸 안에는 애초부터 예술적 DNA가 내재해 있었던 듯싶다. 이런 분이 수필가가 된 것은 참으로 잘한 일이다. 송성자 작가의 첫 번째 수필집 상재를 진심으로 축하드리며 많은 독자의 사랑을 받기를 바란다.

황금 연못 2015. 91×27.7cm, oil on canvas

송성자 수필집
백만 원짜리 여행
ⓒ송성자, 2025

초판 1쇄 발행 2025년 7월 17일

지은이 송성자
디자인 석윤이
펴낸이 권남희
펴낸곳 한국수필가협회출판부

등록 2005년 3월 22일
등록번호 제2011-000098호
주소 서울시 마포구 양화로 156 엘지팰리스 1906호
전화 02-532-8702~3 팩스 02-532-8705
전자우편 hksupil1971@daum.net

ISBN 979-11-87221-49-4 03810

정가 15,000원

* 이 책의 판권은 지은이와 한국수필가협회출판부에 있습니다.
* 잘못 만들어진 책은 교환해드립니다.